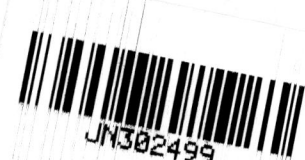

EMIRI BOOK Kyoto

Emiri Henmi

辺見えみり

はじめに

京都は美味しいものを食べに行く所。
京都は可愛いものを買いに行く所。
京都は自然を感じ、お寺や神社を楽しみに行く所……
きっと目的は人それぞれだと思います。
私にとって京都は、近いのに海外の様にいつもの生活から
離れることができる……
「あ……違う場所に来ることができた」
そんな風に思える場所です。

心づかいやおもてなし。
お店に入るとそんな言葉たちが自然にそこにあります。
この本で、ぜひいろんな場所に出かけて、
たくさん感じてみてください。

今回はエッセイに私の個人的なことですが、京都とのつながりを書かせていただきました。電車の中などで暇なときに読んでみてくださいね。

私の好きが、みんなの好きになってくれたらうれしいです。

えみり

P.S.
写真の中に、私がプライベートで旅したときの写真も入っています。探してみてね。

目次

Chapter 1

Temples & Shrines

「古都」を楽しもう！

静かなお堂で仏像をじっと見つめたり、
お寺に座って石庭の前でぼーっとすると、
ふっと心が軽くなる。
京都のもつ長い時間の流れのなかに、
自分も包まれるからなのかもしれません。
行くたびに「あ、ここもいいなあ」
と思う場所に出会えます。

個性が光る
京都の寺社。
一つひとつに
驚きがある

天龍寺《てんりゅうじ》

Tenryuji

京都のお寺や神社では、その時間感覚に圧倒されてしまいます。何百年も前のものが残っていたりして、その時間の長さを想像すると、ふと新たな気持ちになれたりするんです。お寺や神社の個性の面白さも、京都に来るようになって気づいたことかもしれません。仏像でも庭園でも、よく知っていくと一つひとつ全然違って、その違いが面白い。全宇宙を描いた緊張感ある石庭もあれば、とってもモダンで柄の派手な庭もある。美人にしてくれる（？）仏様がいれば、お寺のなかに住み込みで絵を描く若い絵師さんがいたり……。そんな個性派のなかでもお気に入りの一つが天龍寺。あの龍の目が忘れられないのです。

庫裏の玄関正面にある達磨図は、前管長である平田精耕老師の筆によるもの。達磨宗である禅を象徴した天龍寺の顔とも言える。

住 京都市右京区嵯峨天龍寺芒ノ馬場町 68
☎ 075-881-1235
時 8 時 30 分〜17 時 30 分（17 時 30 分に閉門）
10 月 21 日から 3 月 20 日までは 17 時に閉門
交 京福電鉄嵐山線「嵐山」駅からすぐ／JR「嵯峨嵐山」駅から徒歩 13 分／阪急電車「嵐山」駅から徒歩 15 分／市バス「嵐山天龍寺前」下車すぐ　など

観光客で賑わう嵐山の一画に面して広大な境内地が広がるこのお寺は、14 世紀に創建したもの。嵐山や亀山を借景に取り入れた「曹源池庭園」は四季の移ろいとともに姿を変える。法堂の天井に描かれた八方睨みの「雲龍図」も是非見ておきたい。

南禅寺《なんぜんじ》

Nanzenji

境内奥右手に見える赤レンガ造りの「水路閣」。明治時代に行われた疏水事業で建造された水道橋が今も残る。

日本の禅寺のなかで最も高い格式をもつお寺

臨済宗南禅寺派の大本山。荘厳な三門は、歌舞伎「楼門五三桐」で、石川五右衛門が「絶景かな」と見得を切るシーンで有名。京都五山の上におかれる別格扱いの寺院として、日本の禅寺のなかで最も高い格式をもつ。

㊟ 京都市左京区南禅寺福地町　☎ 075-771-0365
㊭ 8:40 ～ 16:30（12 月 1 日～ 2 月 28 日）
8:40 ～ 17:00（3 月 1 日～ 11 月 30 日）
㊇ 地下鉄「蹴上」駅から徒歩 10 分

Kyoto Walking

南禅寺から
哲学の道へ…

南禅寺から北へ向かって少し歩くと、
有名な「哲学の道」に出ます。
ここは昔、祖父とよく散歩をした思い出の場所。
季節を問わず美しい景色に出会えます。
川べりでしばしのんびりするのもいいし、
そのまま抜けて銀閣寺に行くのもいいですよ。

「日本の道百選」にも選ばれるこの道は京都を代表する桜の名所。春だけでなく四季折々の風情が楽しめる。

東福寺《とうふくじ》

Tofukuji

通天橋では、夏に新緑、秋には見事な紅葉と、季節を変えて見事な景色を堪能することができる。方丈にある庭園は、「八相の庭」と呼ばれ、東西南北に違った形の枯山水庭園を見ることができる。左下の写真は市松模様の庭園。どこかモダンな雰囲気。

庭園も紅葉も見事な人気のお寺

臨済宗大本山。摂政九條道家が、奈良の代表的な寺院である東大寺と興福寺になぞらえようとの念願で、「東」と「福」の字を名前に採り入れ、19年の歳月を費やして完成させた。戦火を免れた貴重な文化財が多く残る。なかでも方丈庭園や、紅葉のスポットでも知られる通天橋は特に有名。

☎ 075-561-0087
㊟ 京都市東山区本町15丁目778
㊋ 4月～10月末：開門8時30分、9時～16時（16時30分閉門）
11月～12月初旬：開門8時　8時30分～16時（16時30分閉門）
12月初旬～3月末：開門8時30分　9時～15時30分（16時閉門）
㊎ 通天橋・開山堂　400円（小中学生　300円）
方丈八相庭園400円（小中学生300円）
㊋ ＪＲ、京阪「東福寺」駅から徒歩10分

拝見！
東福寺塔頭の
いろんなお庭

「塔頭（たっちゅう）」とは、禅宗の大きなお寺で高僧が亡くなったとき、弟子がその徳を慕ってお墓の塔のそばに立てた寮舎のこと。東福寺には歴史のある塔頭がいっぱい。それぞれに表情の違う個性的なお庭があるんです。

光明院《こうみょういん》

「虹の苔寺」とも言われるお寺。白砂と苔に無数の石が点々と並んでいる。

明暗寺《みょうあんじ》（善慧院）

尺八根本道場で有名なお寺。他のお寺と違い、整形された美しさよりも自然の美がより感じられる。

霊雲院《れいうんいん》

芸術的な表現が美しい「九山八海の庭」「臥雲の庭」は有名。その他めずらしい２階建ての茶室「観月亭」がある。

芬陀院《ふんだいん》

別名「雪舟寺」。あの雪舟が作庭したと言われている。「鶴亀の庭」が有名。

Temples & Shrines

あざやかな朱塗りの美しさが際立つ。初詣には三が日で例年約 250 万人の参拝者が訪れる。

伏見稲荷大社《ふしみいなりたいしゃ》

Fushimiinari Taisya

全国にある稲荷神社の総本宮

全国に約３万社あると言われる稲荷神社の総本宮。稲荷大神は「五穀豊穣」「商売繁盛」「家内安全」「諸願成就」の神として稲荷山の広大な地に鎮座し、2011 年には 1300 年を迎えた。本殿背後を歩いて行くと見えてくる「千本鳥居」は圧巻。

☎ 075-641-7331　(住) 京都市伏見区深草藪之内町 68
(時) 時間自由　(¥) 無料　(交) ＪＲ「稲荷」駅からすぐ

平野神社《ひらのじんじゃ》

Hirano Jinja

約 60 品種 400 本の桜が見もの

桓武天皇による平安京遷都にともない、平城京でまつられていた今木神・久度神・古開神を遷座・勧請したのに始まる。桜の名所として名高く、染井吉野をはじめとして桃桜、河津桜、魁桜など約 60 品種、400 本の桜があり、長い期間に渡って桜を楽しむことができる。

桜のシーズンには境内が桜で埋め尽くされ、夜遅くまで参拝者が絶えない。

(住) 京都市北区平野宮本町１番地　☎ 075-461-4450
(時) 6 時～ 17 時（桜花期は 22 時頃まで）　(¥) 無料
(交) 京福電鉄北野線「北野白梅町」駅から徒歩 10 分、市バス「衣笠校前」下車徒歩３分。

「額縁庭園」と呼ばれるお庭。客殿から西に向かい、柱と柱の空間を額縁に見たてて観賞する。いつまでも眺めていたい気持ちになる。

「立ち去りがたい」極上の景色

三千院参道の奥にある、勝林院本堂の塔頭。四季移ろう庭の眺めが圧巻で「額縁寺」という通称で有名。庭は盤桓園（ばんかんえん）といい、「立ち去りがたい」という意味。樹齢300年の沙羅双樹の木や、樹齢700年の「五葉の松」など、見どころいっぱい。

宝泉院

ほうせんいん

Hosenin

㊟ 京都市左京区大原勝林院町 187　☎ 075-744-2409
㊋ 9 時～ 17 時　※ライトアップなどイベント時はその都度異なる（16 時 45 分受付終了）
㊎ 茶菓付、大人 800 円、中学生・高校生 700 円、小学生 600 円（団体 30 名以上 1 割引）
㊍ JR 及び各私鉄「京都」駅／地下鉄「国際会館」駅／京阪電鉄「出町柳」駅／叡山電鉄「八瀬」駅
いずれもそれぞれから京都バスに乗換え「大原」下車徒歩 15 分。

晴明神社

せいめいじんじゃ

Seimei Jinja

近年の安倍晴明ブームで、今も全国から多くの観光客が訪れる。

晴明公が念力により湧き出させたと言われる「晴明井」。病気平癒に効くそう。

お守りもかわいいものばかり。

天文陰陽博士、安倍晴明をまつる

平安時代の天文陰陽博士、安倍晴明の偉業を称え、1007年その屋敷跡に創建。「晴明公にお祈りすれば、不思議な霊の利益を受ける事ができ、さまざまな災いから身を守り、病気や怪我が治る」という伝えが今も残る。

㊟ 京都市上京区堀川通一条上ル806　☎ 075-441-6460
㊊ 9時〜18時（無休）　¥ 無料
㊇ 地下鉄「今出川」駅から徒歩12分
市バス「一条戻橋・晴明神社前」下車徒歩2分

相国寺

しょうこくじ

Shokokuji

法堂の天井に描かれた「鳴き龍」は、真下で手を叩くと反響音が龍の鳴き声のように聞こえることからその名がある。

「開山堂庭園。とてもきれいなお庭を眺めながら、静かな時間が流れます。相国寺内にある承天閣美術館もとてもいい」

金閣寺、銀閣寺もここの山外塔頭寺院

14世紀末に足利義満により創建された臨済宗の寺院。京都御所の北に位置し、京都五山の第二位に列せられる。金閣寺、銀閣寺は、いずれも相国寺派の山外塔頭寺院ということになる。1605年に再建された現在の法堂（はっとう）は、日本最古の法堂建築として知られる。

㊟ 京都市上京区今出川通烏丸東入ル
☎ 075-231-0301
㊊ 10時〜16時　※参拝できるのは特別拝観時のみ
¥ 無料（特別拝観は別途）
㊇ 地下鉄「今出川」駅から徒歩5分

穏やかなお顔の楊貴妃観音像。美しさにあやかろうと多くの女性が訪れる。

御寺 泉涌寺

みてら せんにゅうじ

Mitera Sennyuji

「美人祈願」の楊貴妃観音が美しい

真言宗泉涌寺派の総本山。鎌倉時代に宋から帰った月輪大師が再興した際、境内に泉が湧いたことからこの名に改めたとされる。大門を入って左手にある楊貴妃観音堂にある楊貴妃像は、玄宗皇帝が亡き楊貴妃の冥福を祈って作らせたと伝えられる。

㊟ 京都市東山区泉涌寺山内町 27　☎ 075-561-1551
時 9 時～ 16 時 30 分（12 月 1 日～ 2 月末日までは～ 16 時）
※『心照殿』（宝物館）は毎月第 4 月曜日休館。
¥ 伽藍拝観　500 円（中学生以下は小人料金 300 円）
特別拝観　300 円（小学生以下は同伴者がいる場合は無料）
交 市バス「泉涌寺道」下車徒歩 7 分
ＪＲ「東福寺」駅から徒歩 10 分

蓮華寺

れんげじ

Rengeji

秋には庭園の紅葉が見事

帰命山天台宗山門派。江戸初期に加賀藩の家老今枝近義が洛中から移して再興した。本堂前にある灯篭は「蓮華寺型石灯籠」と呼ばれ、茶人たちに好まれた。書院にある庭園は石川丈山作と伝えられる池泉観賞式庭園で、秋にはお座敷から圧巻の紅葉が眺められる。

㊟ 京都市左京区上高野八幡町 1
☎ 075-781-3494　時 9 時～ 17 時
¥ 大人、大学生、高校生 400 円、中学生以下無料
交 叡山電鉄「三宅八幡」駅から徒歩 10 分

写真：角野康夫

お座敷から眺められる紅葉は見事。心を落ち着かせて眺めたい。

「鳥居から歩いて行く道も緑がいっぱいでとてもキレイ」「うちの家族の大好きな場所。お水が流れている所の石段に座るとホッとします」

下鴨神社

しもがもじんじゃ

Shimogamo Jinja

京都を代表する歴史古き神社

創建は紀元前にさかのぼるとも言われ、京都の神社のなかでも最も古いものの一つとされる。鴨川と高野川の間の三角地帯にあり、その一帯に広がる大きな森（糺《ただす》の森）を含め、神聖な空気に満ちている。「森の手づくり市」など、イベントも多い。

㊟ 京都市左京区下鴨泉川町 59
☎ 075-781-0010
㊋ 開閉門時間：6 時 30 分～ 17 時
特別拝観大炊殿：10 時～ 16 時
御祈祷時間：9 時～ 16 時
㊫ 京阪「出町柳」駅から徒歩 10 分、市バス「下鴨神社前」下車すぐ

河合神社

かわいじんじゃ

Kawai Jinja

下鴨神社のなかにある河合神社。ここにまつられている玉依姫命が美麗の神として知られ、多くの女性が「美麗祈願」にやってくる。手鏡の形をした「鏡絵馬」に、顔を描いて願いを書くのがユニークで人気。『方丈記』の鴨長明ゆかりの神社としても知られる。

妙心寺退蔵院
襖絵プロジェクト

京都を旅するなかで、素敵な取り組みに出会いました。
お寺の襖絵を今新たに描き、未来の人たちへ残す——
アーティストを街あげて育てる京都ならではのお話です。

絵師は25歳の若い女性
皆が見守る未来への挑戦

3年間お寺に住み込み襖絵を描いているのは、村林由貴さん。まだ25歳で無名の彼女が、600年の歴史を誇る妙心寺退蔵院の本堂に全く新しい64枚の襖絵を一人で描くという壮大なプロジェクトなのです。村林さんは笑顔が素敵なとても親しみやすい女性で、彼女が描き進めている襖絵を見て、私は圧倒されました。繊細ながらもダイナミックな筆づかいで、自然の力強さと可憐さが描かれていました。現代の感性をもつ村林さんが、お寺で暮らし絵を描くなかで、絵師としても人としても成長していく。それが襖絵となり、退蔵院に何百年も残っていく。まさにこれは、歴史が生まれ、一人の芸術家が成長していく現場なんだって感じました。襖絵は2013年の秋に完成予定。今から楽しみ！

まずは妙心寺壽聖院の襖絵を制作。その後退蔵院本堂の64枚の襖絵に代わる作品を製作する。写真は製作途中のもの。

妙心寺塔頭 退蔵院

みょうしんじたっちゅう たいぞういん

Myoshinji Tatchu Taizouin

国宝「瓢鮎図」を所蔵する

妙心寺は、臨済宗妙心寺派大本山の寺院。室町時代に花園法皇が創立した。その山内塔頭の一つ退蔵院は、水墨画の傑作「国宝・瓢鮎図」（如拙筆）を所蔵していることでも有名。剣豪・宮本武蔵もここをたびたび訪れた。庭園は美しく、四季折々の花を楽しむことができる。

㊟ 京都市右京区花園妙心寺町 35　☎ 075-463-2855
時 9 時～ 17 時（無休）
¥ 高校生以上 500 円、小中学生 300 円、幼児は無料。
30 名以上の団体は 1 割引
※「特別拝観」（一般公開部分と非公開部分を含む）希望の場合 800 円（要予約）
交 JR「花園」駅から徒歩８分

京都と私〔1〕

京都、いいなあって心から思うようになったのは、じつは結構最近のことなんです。いまは、何か機会を見つけては京都に行きたい！ って考えてるけど、20代のころは仕事以外で行くことはほとんどありませんでした。お寺や神社がたくさんあってすごいなあ（調べてみたら、お寺だけで1600カ所以上！）とか、ご飯もおいしいなあとは思っていたけれど、それ以上ではなかったんです。

他とは違う特別な魅力を感じるようになったのは30代に入ってから。

いつごろからだったか、だんだんとお寺や神社に興味が出てきて、旅番組とかでどこ行きたいですかって訊かれると、必ず「京都！」って言うようになって（笑）。たとえば三十三間堂に行って、シーンとした中にずらりと並ぶ金の仏像をじっと見つめて、それからお庭に向かってぼーっとしたりする時間が、すごく心地よくなったんです。

でもそのころはまだ、京都で作られている紙とかうつわとかの魅力については知らなかった。通っているうちにだんだんと、京都の職人さんたちのお仕事の素晴らしさに気付いていったんです。

小道をゆっくり歩いていると、格子戸のある町家が並ぶ中に「あれ、こんなところに」という感じでお店がある。アンティークショップ、うつわ屋さん、紙屋さん、それにカフェ……。ガラガラって戸を開けて入ってみると、玄関にかわいいお花が生けてあったり、奥に行くと小さなお庭に日本らしい落ち着いた緑色が覗いていたり。お店の中を見てまわっていると、店員さんが「こんにちは」って話しかけてくれて、よくお茶を出してくれる。そしてそのときに出てくるうつわがまたとっても素敵で、「うわあ、かわいい……」って感動したりするんです。

ああ、京都ってこういう場所なんだ……。行くたびにその魅力に引き込まれて、それからどんどん京都が好きになっていきました。

私はもともとパリが好きだったんですが、パリのよさってひと言で言えば、一つひとつの小さな店に、そのお店をやっている人の人柄というか表現したいものが表れてるところなんだと思います。お店が、その人そのものって感じなんですよね。京都にも同じ印象を受けるんです。私は、お店を通じて人に会いたくて京都に行ってるのかもしれないなって思います。

たとえば、大好きな紙屋さんがあるのだけれど、私はそのお店でエンボスを作るために京都まで行ったりします。もちろん、エンボスを作るのは東京でも出来るけど、そこの奥様の人柄が大好きなんです。きっとその方とお話ししたくて行ってるのかも、とも思うんです。お店に入って、お久しぶりです、ってご挨拶するところから始まって、これいいですね、素敵ですねとか話をして。「近くにこんな雑貨屋さんが出来たんですよ」って教えてくれたり。お店の方も、お話ししましょうって雰囲気で、どこのお店に行っても必ず話が長くなる(笑)。なんか、人のおうちに遊びに行って、いいものを見せてもらってそれを譲っていただく気持ちというか。

私は京都に行くたびに、あったかい何かをもらって帰ってきます。用事をする以上にお話をしに行く所だなって思う。そこに暮らす人に会いに行きたいって思わせてくれる場所ですね。

けれども、私にとって京都は、単に大好きな場所というだけではないんです。じつは私自身、京都にはとても強いつながりがあるのです。

私の祖母も祖父も京都の人間で、母も京都で育ちました。祖母は京都弁を話すし、家にも京都の習慣が入っていました。たとえば、うちのお雑煮は京都風の白味噌なのです。私は京都には住んだことはないけれど、そんなつながりが、きっといまになって私を京都に運んでくれたんだと思います。

83 8 13

Chapter 2

Restaurants

京の料理って、
なぜか心も癒される！

料理のおいしさに加え、
器や店内の装飾まで楽しいのが、京都流。
お料理も装飾も、素材そのものを大切にする。
だから一見シンプルだけれど、
すべてがとても繊細で味わい深い。
一店一店の、その細やかな心づかいを、
是非味わってほしいです。

京都ならではの繊細さを味でも器でも楽しみたい

口に入れるだけで身体が洗われるような透き通った味付け。あっさりしているけど、いつまでも印象に残る。そんなお料理がいただけるお店が、京都には多いなって感じます。そしてうれしいのは、お料理だけでなく、内装や器にも、同じような細やかな気配りやこだわりが詰まっていること。グラスをよく見ると、さりげなく柄がかわいかったり、ふとお店の壁を見ると、美しい和紙がきれいに張ってあったりする。そういうのを見ていると、いろいろとイメージが膨らんで、食べながら幸せな気持ちになれるんです。ああ、これが京都だって。「じき宮ざわ」さんは、そんな京都らしさが詰まったお店です。

料理とともに和洋さまざまな名器を楽しめる。名物「焼胡麻豆腐」は、とろけるような食感と上質の甘みが絶品。多くの人を虜にする。

じき宮ざわ

じきみやざわ

Jiki Miyazawa

(住) 京都市中京区堺町四条上ル東側八百屋町 553-1
☎ 075-213-1326
(時) 昼：12 時～ 13 時 45 分（最終入店 ）
夜：17 時 30 分～ 20 時（最終入店）
(休) 第一水曜日・毎週木曜日
(交) 地下鉄「烏丸」駅から徒歩 5 分、
阪急「四条」駅から徒歩 5 分

旬の味覚を数々の名器とともに

繊細な京都の味を存分に楽しめる京料理の名店。2007 年に開店しわずか 2 年でミシュランガイドの星を獲得した。素材のよさを最大限に生かしたきめ細かい味付けが魅力。店長の宮澤政人さんをはじめ、実直な人柄が表れるスタッフの丁寧な接客もうれしい。

玄関入ってすぐの襖には「一處懸命」の書が。古民家ならではの庭と建物も楽しめる落ち着いた空間。

祇園大渡

ぎおん おおわたり

Gion Owatari

上品さが際立つ祇園注目のお店

大阪のかつての名店津むらで修業した店主が2009年にオープンした祇園注目のお店。古民家を改装したお店は玄関を入り、縁側を通ってカウンターにたどりつく粋な計らい。料理は味にも見栄えにも一工夫。品があり、かつとても味わい深い。

㊟ 京都市東山区祇園町南側 570-265
☎ 075-551-5252
㊐ 18時～21時30分（入店）
㊡ 不定休
㊋ 市バス「祇園」下車徒歩3分、
京阪「祇園四条」駅から徒歩10分
【おすすめメニュー】
コース 11000円～12000円

祇園にしむら

ぎおん にしむら

Gion Nishimura

名物「鯖寿司」が大人気のお店

東京「吉兆」で修業を積んだ店主が29歳のときに祇園に京料理店をオープン。店内はカウンターと3室の座敷からなる。ここの名物はなんといっても「鯖寿司」。最高の素材に最高の調理を追求して出される鯖寿司を食べて、このお店のファンになる人も少なくない。

カウンターは8席。座敷と合わせてもそう大きくない空間だけに、お客様への誠意が伝わる。

㊟ 京都市東山区祇園町南側 570-160
☎ 075-525-2727
㊐ 17時～20時（入店）
㊡ 日曜日（4月は無休）
㊋ 京阪「祇園四条」駅から徒歩7分

レストランよねむら

祇園・下河原 祇園本店

Restaurant Yonemura

ドラマのようなコース料理

八坂神社の南にたたずむ町家内のレストラン。食材の取り合わせ、器のセレクト、空間のいずれをとっても、和とも洋ともカテゴライズできない素敵な雰囲気。シェフ・米村昌泰氏の感性が光る。

住 京都市東山区八坂鳥居前下ル清井町 481-1
☎ 075-533-6699
時 12 時～ 13 時（ラストオーダー）
17 時～ 21 時（ラストオーダー） 休 火曜日
交 阪急「河原町」駅から徒歩 12 分、
京阪「祇園四条」駅から徒歩 10 分
【料理】
昼 6000 円、10000 円の 2 コース、夜 13000 円コースのみ

「和魂洋才」。旬の食材を絶妙に取り合わせた料理には新鮮なサプライズが込められている。

游美《ゆうび》

Yuubi

器にも主人のこだわりが光る

店内は町家の美しさを生かし、落ち着いた心地よさに満ちている。食材の味を大切にした味付けは優しさに溢れ、食べるほどに身体が洗われるような気持ちになれる。器一つひとつも美しく、料理をいただきながらゆっくりと眺めて楽しみたい。

住 京都市東山区新宮川通松原下ル西御門町 444
☎ 075-541-0879
時 11 時 30 分～ 13 時（ラストオーダー）
17 時 30 分～ 21 時（ラストオーダー）
休 不定休
交 京阪「清水五条」駅から徒歩 5 分

「元フレンチの物静かなご主人。器の使い方も素敵」

匠 奥村

たくみ おくむら

Takumi Okumura

季節の花をあしらった屏風絵が飾られた6席のカウンター席。このほか掘りごたつ、テーブル席、お座敷などそれぞれ違った趣を味わえる。

京都で人気のフランス懐石

名店「西洋膳所おくむら」「レストラン祇園おくむら」とならんで人気のフランス懐石料理店。シェフがこれまで育んできたフランス懐石と、町家の空間を融合させ、粋な時間を提供してくれる。お客様の好みや食欲に合わせ、季節の素材を当意即妙に料理してくれるというのもうれしい。

(住) 京都市東山区祇園町南側 570-6　☎ 075-541-2205
(時) ランチ 12 時～ 13 時 30 分（ラストオーダー）、
　ディナー 17 時 30 分～ 21 時（ラストオーダー）
(休) 無休　(交) 京阪「祇園四条」駅から徒歩 7 分

【おすすめ】
おまかせフランス懐石コース（昼夜とも）

京上賀茂秋山

きょうかみがもあきやま

Kamigamo Akiyama

味わいのある店舗は、滋賀県・石山から移築された古民家を改修したもの。料理の準備ができるまで、囲炉裏の部屋でお茶を一服いただく。料理への期待もふくらむ。

素材を生かした健康志向の京料理

上賀茂の静かな住宅街のなかに静かにたたずむ京料理のお店。祇園「花吉兆」で修業した店主がめざすのは「旬の野菜と魚を使った健康的な料理」。丁寧な仕事と店主の人柄で、オープンわずか6年だが今や予約のとりずらい名店となった。落ち着いた雰囲気を求める女性に大人気。

(住) 京都市北区上賀茂岡本町 58　☎ 075-711-5136
(時) 昼：12 時～ 14 時 30 分（入店 12 時 30 分までに）
　夜：18 時～ 22 時（入店時間 19 時 30 分までに）
(休) 水曜日、月末の木曜日、ほか不定休
(交) 京都市営地下鉄「北山」駅から徒歩 15 分

鮨よし田《すし よしだ》

Sushi Yoshida

下鴨の住宅街にある落ち着いたお店。割烹料理でも経験の深い店主はまさに「食のコンシェルジュ」。「ここの料理で楽しみたい」と、とっておきのワインを持ち込むお客様もいるとか。

本当の「寿司割烹」を教えてくれる

お店に入り、まず料理を楽しみ、その後お寿司をいただくという「寿司割烹」のスタイル。この寿司割烹の本当の魅力を教えてくれるお店。お客様の好みや状況に合わせ、料理の種類や味付けも変えてくれる。お寿司の大きさや、酢飯の種類も複数用意して、お客様がいちばん満足する味でもてなしてくれる。

(住) 京都市左京区下鴨東半木町 72-8
☎ 075-702-5551
(時) 11 時 30 分～13 時 30 分、17 時 30 分～21 時
(休) 月曜日
(交) 地下鉄「北大路」駅から徒歩 8 分

割烹・釜めし 竹きし《たけきし》

Takekishi

一度は食べたい名物の釜めし

気取らない雰囲気で、地元の御客様にも愛されているお店。会席料理、一品料理も豊富だが、なかでも釜めしの人気は高い。丹波のコシヒカリと近江のもち米をブレンドしたお米を用い、蟹、牡蠣など、約 10 種類の味が楽しめる。お昼メニューに釜めし御膳がおすすめ。

釜めし御膳。ふっくらと炊き上げられた釜めしが食欲をそそる。このほか常連には「あんかけまんじゅう」も人気。

(住) 京都市東山区祇園花見小路末吉町西入ル 高見ビル 1 階
☎ 075-525-4547
(時) 昼：12 時～ 14 時（ラストオーダー）
夜：17 時～ 22 時（ラストオーダー） (休) 日曜日
(交) 市バス「祇園」下車徒歩 3 分、京阪「祇園四条」駅から徒歩 5 分
【おすすめメニュー】釜めし御膳（昼のみ）2100 円／おまかせ会席 8400 円／あんかけまんじゅう 1050 円

西山艸堂

せいざんそうどう

Seizannsoudou

湯豆腐とともに、前菜三種、ひりょうず、野菜の精進揚げ、胡麻豆腐が色を添え、湯豆腐の素朴な味わいを引き立てる。

嵐山でも湯豆腐を楽しもう

天龍寺塔頭、妙智院のなかにある湯豆腐のお店。戦後早々に創業し嵯峨では一番歴史がある。地元嵯峨豆腐で有名な「森嘉」のお豆腐を使用。プルプルなのにしっかりとした食感。前菜、野菜の精進揚げなどと一緒にいただいて、おなかも満足。

お店は妙智院の書院を利用しているので、出入りは縁側から。

(住) 京都市右京区嵯峨天龍寺芒ノ馬場町 63　☎ 075-861-1609
(時) 11 時 30 分～ 17 時（ラストオーダー 16 時 30 分）
(休) 水曜日（ただし、火曜日は月に 1 回、不定期で休みになる場合あり）
夏期休業：8 月 17 日～ 23 日　冬期休業：12 月 29 日～ 1 月 4 日
(交) 京福電鉄「嵐山」駅からすぐ／ＪＲ「嵯峨嵐山」駅から徒歩 10 分／阪急「嵐山」駅から徒歩 15 分

天龍寺篩月

てんりゅうじしげつ

Tenryuji Shigetsu

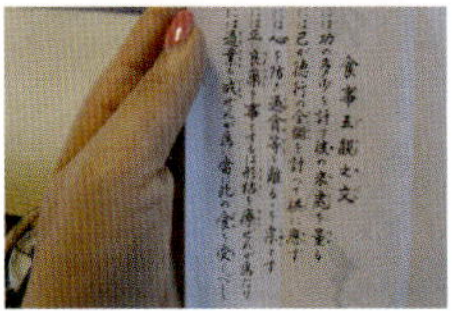

箸袋には禅宗で食事のときに唱えられる「食事五観之文」が。このかわりに、「いただきます」「ごちそうさまでした」の2つの言葉を心を込めて唱えよう。

「お庭もキレイだし本当に美味しい精進料理。男性でもおなかいっぱいになるボリュームです」

本格派精進料理で心も洗われる

天龍寺直営の精進料理のお店。禅宗での精進料理の教えを守り、動物性食品は一切使用せず、また季節感、五法（生、煮る、焼く、揚げる、蒸す）、五味（塩辛さ、甘、酸、辛、苦）、五色（赤、青、黄、白、黒）を大切にして調理する。おいしい料理を堪能しながら、「食事」というものの意味を改めて考え直し、心も洗われる気持ちになること間違いなし。

㊟ 京都市右京区嵯峨天龍寺芒ノ馬場町 68
☎ 075-882-9725　㊕ 11 時～ 14 時　㊡ 無休
㊫ 京福電鉄「嵐山」駅からすぐ、ＪＲ「嵯峨嵐山」駅から徒歩 10 分、阪急「嵐山」駅から徒歩 15 分
【料理】雪（一汁五菜）3000 円／月（一汁六菜）5000 円（要予約）／花（一汁七菜）7000 円（要予約）　※それぞれ別途、庭園参拝料 500 円が必要

落ち着いた店内カウンター席は和とも洋ともつかぬ素敵な雰囲気。

当店自慢の天ぷら。その他独創的な一品料理も充実している。

炭火と天ぷら

割烹 なかじん

かっぽう なかじん

Kappo Nakajin

他店にはない和食スタイル

天ぷら、地鶏、うなぎなど、専門店でしか食べられないお料理が少しずつ食べられるお店。厳選された素材の独創的な前菜も多く揃っており、お料理に合うワインやお酒がたくさんあるのもうれしいところ。自分で好きなお料理を選んでコースに仕立ててもらえる、他の和食店にはないスタイルが真骨頂。要予約。

住 京都市中京区高倉通六角上ル西側　☎ 075-257-2288
時 昼：12 時～ 14 時入店まで　夜：18 時～ 19 時 30 分入店まで
休 水曜日（月に 1 回、火、水の連休あり）
交 地下鉄「烏丸御池」駅から徒歩 5 分
【おすすめメニュー】
ランチ　2500 円、3500 円、4500 円／ディナー　5800 円

京の惣菜 あだち

きょうのそうざい　あだち

Adachi

京都の家庭にお邪魔したよう

地元民に愛されるおばんざい（＝京都の家庭のおかず）の店。白ご飯に合うはっきりとした味付けが人気で、昼はいつも客であふれる。夜はお酒も飲める。京都の家庭にお邪魔した感覚でゆっくりと楽しみたい。

住 京都市上京区千本丸太町東入ル
☎ 075-841-4156
時 お持ち帰り：午前 11 時～午後 6 時 30 分
ランチ：12 時～ 14 時 30 分
夜：18 時 30 分～ 22 時（オーダーストップ 21 時）
休 日曜日、祝日
交 市バス「千本丸太町」下車徒歩 2 分

魚料理も肉料理も各種おばんざいも、手作りの温かみが伝わってくる。一品料理も充実している。

無垢材に囲まれたぬくもりある空間が落ち着く。

春巻きの皮も自家製。シンプルなかに奥深い味わいがある。

主人の家が組紐屋だったことから、「糸」を店名に残した。

糸仙《いとせん》

Itosen

シンプルななかに絶妙な旨味

京都最古の花街・上七軒にある広東料理の店。町家が並ぶ風情ある路地にある。一般的な中華料理に比べてシンプルな素材の使い方が印象的。上品ながらもしっかりとした味付けが、京都らしさを感じさせる。

(住) 京都市上京区今出川通七本松西入ル真盛町 729-16
(☎) 075-463-8172 (時) 17 時 30 分～21 時（20 時 30 分ラストオーダー） (休) 火曜日、第 3 水曜日
(交) 市バス「上七軒」下車徒歩 3 分

魏飯夷堂《ぎはんえびすどう》

Gihan Ebisu Dou

名物小籠包がおすすめの店

創作中華「一之船入」のカジュアル店舗。地元民で賑わう三条会商店街にある。名物は、薄皮のなかにスープの詰まった小籠包。黒酢と生姜で一つずつゆっくりと味わいたい。酸辣湯麺（サンラータンメン）や麻婆豆腐などの定番料理も美味しい。

(住) 京都市中京区三条通堀川西入ル橋西町 661
(☎) 075-841-8071
(時) 11 時 30 分～14 時 30 分（ラストオーダー）
17 時 30 分～23 時（ラストオーダー）
(休) 火曜日
(交) 地下鉄「二条城前」駅から徒歩 10 分

築 100 年超の町家を改装した趣のある店内。

「小籠包も酸辣湯麺もとてもおいしい！」

チキンとワンプレートで出される８種類の季節の野菜も、そのときの美味しい素材を選び、それぞれのよさを引き出している。付け合わせのパンも、チキンのソースをつけて美味しくなるように、特別なレシピで注文したもの。

SEction D'or

セクションドール

「黄金比率」のタンドリーチキン

オープンしてまだわずかだが、すでにその味が地元グルメの評判を呼ぶお店。メニューは「タンドリーチキン」（1800円）のみ。宗教を選ばず誰でも楽しめる鶏料理で勝負する。特殊なスチームオーブンで丁寧に焼き上げられたチキンは、皮はパリっとしていてなかやわらか。

㊟ 京都市左京区
岡崎西天王町 84-1
M&M'S apartment 1-C
☎ 075-752-2249
㊡ 11 時 30 分〜 ??:??
㊡ 不定休
㊈ 地下鉄「東山」駅から
徒歩 10 分

地鶏ダイニング
こゝ家　祇園八坂別邸

じどりだいにんぐ
ここや　ぎおんやさかべってい

Jidori dining coco-ya

祇園にある「おしゃれな鶏料理」

京都に「おしゃれな鶏料理店」がなかったことから、やきとり屋ではない隠れ家的な大人のダイニングをめざしてオープン。新鮮な京野菜と地鶏を丹念に下ごしらえした料理は、素材の味が楽しめる鶏好きにはたまらない逸品揃い。女性同士でも気軽に楽しめる。

㊟ 京都市東山区祇園新橋東大路西入ル林下町 434-2
☎ 075-541-8800
㊡ 18 時〜 26 時 30 分（ラストオーダー）　㊡ 不定休
㊈ 京阪「祇園四条」駅から徒歩 4 分

コラーゲンたっぷりの地鶏水炊き（1 人前）2500 円〜。コースは 4500 円〜。団体宴会、貸切も可。

祇園北側の路地を少し入ったところにお店はある。町家を改装した落ち着ける場所。

京都と私〔2〕

「おばあちゃん、京都にいたころの話を聞かせてくれない？」

今回この本を書くために、私は祖母に、昔の話を聞いてみることにしました。もう京都を離れてから40年以上もたっているから、祖母も記憶があいまいではあったけれど、母と兄と私とで賑やかにツッコミながら聞いてみると、当時の京都がまるで絵を描くように、目の前に浮かび上がって来たんです。

祖母は、戦後、京都市役所で働いていました。市役所は御池通りと河原町通りという二つの大きな道が交わる角にあり、いまも建物は当時のまま。その向かいにあった京都ホテル（現・京都ホテルオークラ）は当時、アメリカの進駐軍の将校たちの寄宿舎になっていたそうです。そのホテルの中に真珠屋さんがあったのですが、ある日、市役所で働く祖母に、そこで働かないかって声がかかったのです。

祖母は当時から、型にはまらない自由奔放な人でした。その父親（＝私の曽祖父）は京都大学の先生で、家は堅い感じだったのだけれど、祖母は格式ばったことが嫌いな人で市役所で働くのも窮屈だった。むしろ近くのビルで金曜日の夜に開かれていたアメリカの軍人たちのパーティーにもよく出かけるといったタイプ。そんなことで少し英語を話せたこともあって、軍人さん相手の真珠屋の仕事を引き受けることにしたのです。

「そこにその人がきたのよ。自分のお母さんに送る真珠のネックレスを探してほしい、長めのネックレスがいいって言われて、私が探したの。それを彼は買っていった。そのとき彼のお母さんの写真も見せてくれたんだけど、スペイン人で、それは綺麗な人だったのよ」

ネックレスを買っていったその人物はチャールズ・ギルモア、と名乗った。スペイン人の母とアイルランド人の父を持つというアメリカ人の軍人でした。その彼とそこからどうやって関係が進んでいったのかは祖母自身も思い出せない。でもその後恋仲になって二人の間にできたのが私の母・万里でした。

母がまだ祖母のおなかの中にいるころ、ギルモアさんは、何かの理由でアメリカに帰らなければならなくなりました。

「一緒にアメリカに行こう」子どもをほしがっていたギルモアさんは、みなでアメリカに住みたがった。彼は子どもができたことをすごく喜んでいたのです。でも祖母は、はいとは言わない。アメリカに暮らすということが全く想像がつかなかったのです。黄色人種に対する差別は強くあるし、一度行ったらいつ帰れるかもわからない……。

「彼は万里が生まれるのを見ることなく、仕方なく帰ってしまったの。それっきりよ」

だから私の母は、自分の父親の顔を知りません。その後祖母は、持っていた写真もすべて捨ててしまったのです。どんな顔だったの？ と聞くと、祖母はただこう言います。「ものすごい男前だったよ」

それが、血のつながる私の祖父なのです。彼はその後、祖母の記憶の中だけに生き続けました。アメリカでは俳優だったと聞いてはいたものの、アメリカに帰ったあとの消息はわからない。連絡を取ろうと思ったことはあったけれど、どうもうまくいかず、祖母はあきらめたようでした。

「ただ、彼のお母さんから連絡が来たことはあってね。誰かを介して、お母さんからの手紙が私に届いたのよ。ちょうど朝鮮戦争をやっていたころでね。どうもその戦争に行って、彼は亡くなったらしいの」祖母はそう言いました。

京都の街を歩くとき、京都市役所の前を通るとき、自分の祖父はどんな人だったんだろうと、ふと考えることがあります。そんなとき、祖母がよく言っていたひと言を思い出します——。

「えみりの笑った顔は、あの人によく似ているんだよ」

Kyoto Walking

祇園エリアを歩く

京都で最も多くの観光客で賑わう祇園界隈。
花見小路通あたりは有名だし混雑必至だけど、
少し路地に入るだけで
静かな雰囲気の場所もあって、表情もいろいろ。
ご飯を食べたり美術館に入ったり、
時間を忘れてのんびりと過ごすのもいいですよ。

ここで示したお店以外にも、このエリアにはおすすめのお店がいっぱいあります。巻末のMAPで確認してください。

ぎおん徳屋《ぎおん とくや》

Gion Tokuya

本物のわらび餅が食べられる

賑やかな祇園・花見小路通にある、週末には行列必至の有名店。最上級の素材で作られた本わらび粉100%のわらび餅は、見た目はシンプルだが味もボリュームも満足感いっぱい。わらび餅だけでなく、季節のかき氷、しるこ、ぜんざいなども人気。

見た目も涼しげな究極のわらび餅。黒蜜ときな粉、好みでいただきたい。

㊟ 京都市東山区祇園町南側 570-127（四条花見小路南へ四筋目東北角）
☎ 075-561-5554
㊐ 12 時～ 18 時（売り切れ次第終了となることもある） ㊡ 無休
㊍ 京阪「祇園四条」駅から徒歩 6 分

権兵衛《ごんべえ》

Gonbee

お蕎麦も親子丼も美味しい

祇園にある昭和2年創業の蕎麦の店。しっかりとだしを効かせた伝統的な権兵衛の味は、京都に広く知られている。どんぶり物も充実していて、最近はそちらも人気。玉子丼、とりなんばが特におすすめ。

人気の玉子丼。「玉子丼もきつねうどんも美味しい」

㊟ 京都市東山区祇園町北側 254 ☎ 075-561-3350
㊐ 12 時～ 20 時 30 分（ラストオーダー）㊡ 木曜日
㊍ 京阪「祇園四条」駅から徒歩 5 分

何必館・京都現代美術館《かひつかん・きょうとげんだいびじゅつかん》

Kahitsukan

祇園のなかにある静寂の美術館

村上華岳（日本画）、山口薫（洋画）、北大路魯山人（陶芸、書）の作品を柱に、絵画、工芸、写真など幅広い展覧会を開催する。雑踏に隠れるように存在する「美の力」を届け、近代美術に触れ合う機会を提供したいという思いから生まれた美術館。静謐な空間でじっくりと作品を楽しめる。

祇園の最も人通りの多い四条通沿いにある。近代的な建物と、5階にある「光庭」の和の風情とは対照的で訪れる人の印象に残る。

㊟ 京都市東山区祇園町北側 271
☎ 075-525-1311
㊕ 10時～17時30分（入館は17時まで）
㊡ 月曜日・年末年始・展覧会準備期間
㊇ 京阪「祇園四条」駅から徒歩3分

ぎをん小森《ぎをんこもり》

Gion Komori

白川のほとりで上品な甘味を

花見小路通、切り通しから白川のほとりを散策し、巽橋で記念写真を撮ったら、ここに立ち寄ってみてはいかが？　上品な味が評判の甘味処の名店。茶屋を改装した店内は、奥へ続く畳の廊下など情緒たっぷり。座敷席では白川の流れを眺めながら、評判の甘味を味わうことができる。

〔上〕わらびもちパフェ　〔左下〕小森あんみつ
〔右下〕抹茶ババロアパフェ

㊟ 京都市東山区新橋通大和大路東入元吉町 61
☎ 075-561-0504
㊕ 11時～21時（ラストオーダー20時30分）、
日曜祝日は～20時（ラストオーダー19時30分）
㊡ 水曜日（祝日の場合は営業）
㊇ 京阪電鉄「祇園四条」駅から徒歩6分

Chapter 3

Cafe, Sweets & Bar

スイーツ、珈琲…
そしてなんといっても
落ち着く雰囲気!!

町家カフェであれ、和菓子やスイーツの店であれ、
京都には、店主の技術やセンス、
そして人柄で成り立つオンリーワンの店が
とても多いと思う。
それぞれが一つの作品のような素敵なお店たちの、
ちょっと甘くて一息つける味と空間をご堪能あれ。

遊形サロン・ド・テ

ゆうけいサロン・ド・テ

Yukei Salon de Thé

店主の思いが
そこにある。
だからこその
あたたかさ

京都のカフェは一店一店全部違う。でもどこのお店もなんだかとても落ち着ける。きっとそれは、店主の、こういう世界を作りたい、という思いが溢れているからなんだと感じます。ときには店内をギャラリーに使ったり、ライブをしたりと、空間が、カフェだけには収まらない。そして店主がお店の上に住んでいたり、お庭がすごく洗練されていたり。つまり、お店に入ることは、その人の思いのなかに飛び込むことなんだろうって感じます。だからなんだかあったかい。そんなカフェの一つが「遊形サロン・ド・テ」。自動車の行き交う御池通りから一本入っただけで、もうそこは別世界。

老舗旅館俵屋がプロデュース

京都を代表する俵屋旅館直営のカフェ。俵屋旅館が宿泊客のために作るわらび粉100%のわらび餅を、旅館の外でも供することを目的に生まれた。店の建物は、明治期の京町家。その庭や梁の美しいたたずまいのなかに、北欧生まれの名作椅子が並ぶ。薄茶は、細川護熙元首相をはじめ、著名な陶芸家による茶碗でいただける。

㊟ 京都市中京区姉小路通麩屋町東入ル北側
☎ 075-212-8883
(時) 11時～19時　(休) 火曜日（但し祝日と4月・11月は営業）
(交) 地下鉄「京都市役所前」駅から徒歩3分

WEEKENDERS COFFEE

ウイークエンダーズコーヒー

美味しいエスプレッソを深く追求する

焙煎室も備えた自家焙煎珈琲専門店。豆自体の個性を引き出すように浅く煎るのがこの店のこだわり。エスプレッソもドリップも、一杯一杯丹念に淹れてくれる。広々としたカフェスペース、木目が美しいカウンター、どちらも落ち着く。

店内の空間は広く、ゆっくりとコーヒーを楽しめる。カウンターでオーナーの金子さんとコーヒー談義で盛り上がるのもよし。メニューは自家焙煎のコーヒーとケーキのみ。こだわりの味を存分に堪能したい。

㊟ 京都市左京区田中里ノ内町 82 藤川ビル 2 階
☎ 075-724-8182
㊕ 10 時～ 19 時　㊡ 水曜日
㊂ 叡山電鉄元田中駅下車すぐ／市バス「叡電元田中」下車徒歩 1 分、市バス「飛鳥井町」下車徒歩 7 分

御多福珈琲《おたふく　こーひー》

Otafuku Coffee

客との対話を大切にするお店

さほど広くない店内は、昔懐かしい喫茶店の風情が漂う。実はオープンは 8 年前。「昔ながら」の雰囲気を意識してデザインしたもの。来店した人には常連客、旅行客分け隔てなく、気さくな会話とおいしいコーヒーでもてなしてくれる。一度行けばまた行きたくなるお店。

百万偏・知恩寺で毎月開かれている手づくり市に屋台を開いてスタートしたのが御多福珈琲のはじまり。今でも初心を忘れぬよう、毎月 15 日は店舗を閉めて、知恩寺で屋台での営業を続けている。

㊟ 京都市下京区寺町通四条下ル貞安前之町 609 コロナビル地階
☎ 075-256-6788
㊕ 10 時～ 22 時（ラストオーダー 21 時 30 分）　㊡ 毎月 15 日
㊂ 阪急「河原町」駅下車、地下道 10 番出口前
【おすすめメニュー】
当店自慢ブレンドコーヒー 400 円／ミルココーヒー 500 円／プチサイズチーズケーキ 200 円

ELEPHANT FACTORY COFFEE

エレファント ファクトリー コーヒー

存在感のある隠れ家的カフェ

賑やかな河原町通の裏にひっそりとあるが、圧倒的な存在感で多くのファンを生み出している。ドリップ式のコーヒーも、木目と本が印象的な内装も、極上の雰囲気。「コーヒーを飲むお客さんの姿が好き」。そう話すオーナーの畑啓人さんがまた素敵な雰囲気。

木の机と椅子、読み込まれた本たちのたたずまいが実に味わい深い。一杯一杯丁寧に淹れられたドリップコーヒー。

㊟ 京都市中京区蛸薬師通東入ル備前島町 309-4 HK ビル 2F
☎ 075-212-1808　㊕ 13 時～ 25 時　㊡ 木曜日
㊝ 阪急「河原町」駅から徒歩 5 分、地下鉄「京都市役所前」駅から徒歩 7 分

スマート珈琲

スマートコーヒー

Smart Coffee

創業 80 年、昔と変わらぬ喫茶店

1932 年（昭和 7 年）創業から、今も変わらぬ味を提供し続ける喫茶店。自家焙煎オリジナル珈琲豆を使用したコーヒーと、昔懐かしい味のホットケーキなど、どこかノスタルジーを感じさせるメニューは、幅広い層から支持を得ている。

「朝食のホットケーキ＆ハムトースト。両方ともとてもなつかしいシンプルな味。食べるとホッとするし、なんといってもコーヒーが美味しい」

㊟ 京都市中京区寺町通三条上ル天性寺前町 537
☎ 075-231-6547
㊕ 8 時～ 19 時、ランチ（2F）11 時～ 14 時 30 分
㊡ 無休。ランチのみ火曜日定休
㊝ 京阪「三条」駅から徒歩 5 分、地下鉄「京都市役所前」駅から徒歩 3 分
【おすすめメニュー】珈琲 450 円／ホットケーキ、フレンチトースト 600 円／ランチ（2 品チョイス）1050 円

喫茶葦島《きっさあしじま》

Ashijima

ライティングによって影を落とす店内のオブジェを見ていると自然と穏やかな気持ちになる。

不思議なくつろぎの空間

三条河原町にある自家焙煎珈琲の喫茶店。和紙と木など自然素材に満ちた静謐な空間は、賑やかな一角にいることを忘れさせる。丁寧に淹れてもらえる珈琲の種類は15種に及ぶ。珈琲豆の通信販売も行っている。

通信販売でも買える珈琲豆。

㊟ 京都市中京区三条通河原町東入ル大黒町37 文明堂ビル5F
☎ 075-241-2210 ㊋ 平日13時～21時30分（ラストオーダー）、土・日・祝11時～20時30分（ラストオーダー） ㊡ 不定休（休業日はHPに掲載） ㊇京阪「三条」駅から徒歩5分、阪急「河原町」駅から徒歩8分、地下鉄「京都市役所前」駅から徒歩5分

Ital Gabon

アイタルガボン

木のぬくもりにゆったり包まれたい

路地裏にひっそりたたずむカフェ。石川県二三味（にざみ）珈琲の豆で淹れる本格エスプレッソを楽しめる。もちもち太麺をつかったパスタや焼きたてのパニーニ、自家製のデザートなど、こだわりのフードメニューも充実。

㊓ 京都市上京区中町通丸太町上ル俵屋町 435　☎ 075-255-9053
㊡ 11:30 ～ 22:00　㊡ 不定休（月ごとに休みの日程をウェブで確認できる）
㊫ 京阪「神宮丸太町 」駅から徒歩 5 分、市バス「 河原町丸太町」下車徒歩 3 分

木のぬくもりにゆったりと包まれた店内でのんびりすごしたい。店内はアート作品の展示やイベントなどにも活用され、地元アーティストも多く通う。

café bibliotic hello!

カフェ ビブリオティック ハロー！

さながら素敵な図書館のよう

いつもお客さんがいっぱいの人気カフェ。店頭のバナナの木が涼しげで、南の島にいるようでありながら、アートや建築の本が並び、素敵な図書館のようでもある。隣にはパン屋「ハローベーカリー」も併設。烏丸御池など、地下鉄の駅から近い立地もうれしい。

(住) 京都市中京区二条柳馬場東入ル晴明町 650
☎ 075-231-8625　(時) 11:30 - 24:00（ラストオーダー 23 時）　(休) 不定休
(交) 地下鉄「京都市役所前」駅から徒歩 6 分、地下鉄「丸太町」駅から徒歩 10 分

1 階中央テーブルに置かれた、季節に合わせた花がお客様を出迎える。2 階にある「ハロー画廊」もカフェと一緒に是非楽しみたい。

茶寮都路里《さりょうつじり》

・・・・・・・・・・

Saryo Tsujiri

「祇園辻利」が経営する人気店

宇治茶の老舗「祇園辻利」が、若い世代にお茶本来の美味しさを実感してもらえたらという想いから始めた茶寮。京都・祇園のはんなりとした店内で、宇治茶をふんだんに使ったお茶屋のスイーツを提供している。あらゆる食材に抹茶をはじめ、ほうじ茶・玄米茶などの宇治茶を使用。人気のパフェのほか、季節限定・店舗限定メニューも。

祇園界隈でも特に人気の甘味処。平日でも行列ができるほど。

(住) 京都市東山区四条通祇園町南側 573-3 祇園辻利本店 2 階・3 階　(☎) 075-561-2257
(時) 平日 -10 時～ 22 時（ラストオーダー 21 時）土・日・祝 -10 時～ 22 時（ラストオーダー 20 時 30 分）(休) 無休
(交) 京阪「祇園四条」駅から徒歩 5 分
【おすすめメニュー】特選都路里パフェ 1231 円／抹茶カステラパフェ 1050 円／都路里あんみつ 981 円

祇園サンボア

ぎおんサンボア

・・・・・・・・・・

Gion Sanboa

賑やかな祇園の喧騒から少し南に下がった小道にある。作家・山口瞳直筆の暖簾（写真右下）。今は引退して店内に展示されている。

友と静かに語り合いたくなるバー

京都に3軒あるバー「サンボア」。店主の祖父の代から暖簾分けされ、受け継がれたその一つがこの祇園サンボア。作家・山口瞳氏など、多くの文化人に愛されてきた京都の名店。入口から延びる長いカウンターとその先にある小さな庭が落ち着いた空間を作り上げていて、グラスを片手に、気の置けない人と静かに語り合いたくなる。

㊟ 京都市東山区祇園町南側 570-186　☎ 075-541-7509
㊋ 18 時～ 25 時（日祝～ 24 時）22 時以降入店可　㊡ 月曜日
㊚ 阪急「河原町」駅から徒歩 8 分、京阪「祇園四条」駅から徒歩 6 分

Sentido

センティード

朝に美味しいコーヒーを

美味しいコーヒーで一日をスタートしてほしい。マネージャー・土居逸美さんのそんな思いから、オフィス街に早朝から開くカフェ。採光もよい爽やかな空間で、是非朝、こだわりの「スペシャルティコーヒー」を楽しみたい。午後も気持ちいい。

木目のやわらかな空間が心地よい。

㊟ 京都市中京区東洞院御池下ル笹屋町 445 番地 日宝烏丸ビル 1F
☎ 075-741-7439
㊋ 平日　7 時 30 分～ 19 時（ラストオーダー）
土曜日　8 時～ 18 時 30 分（ラストオーダー）㊡ 日曜日
㊚ 地下鉄「烏丸御池」駅から徒歩 1 分

大極殿本舗・六角店

甘味処「栖園」

だいごくでんほんぽ　ろっかくてん
あまみどころ　せいえん

Seien

毎月蜜が変わる「琥珀流し」

明治時代に創業、和菓子屋として、またカステラをいち早く販売したお店として有名な大極殿本舗。その六角店の店内で営業されている喫茶がここ。やわらか寒天に季節の味を添えた「琥珀流し」は絶品。老舗のこだわりとサービス精神が伝わってくる。

琥珀流しの蜜は、7月ペパーミント、8月ひやしあめ、9月ぶどう、などと、4月〜12月で毎月味が変わる。／和菓子店でお土産も。写真は名物「カステラ」と人気の「玉子ぼうろ」

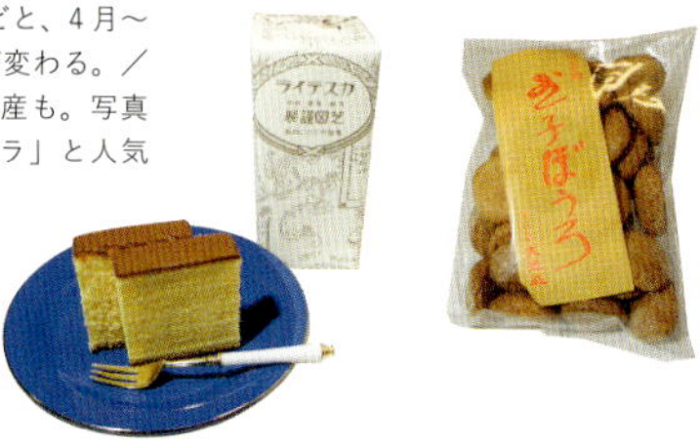

㊟ 京都市中京区六角通高倉東入ル南側堀之上町 120　☎ 075-221-3311
㊕ 10 時〜 17 時 30 分
㊡ 水曜日（祝日は営業）
㊇ 地下鉄「烏丸御池」駅から徒歩 7 分
【おすすめメニュー】
大粒丹波大納言製ぜんざい 800 円／琥珀流し 630 円／抹茶と生菓子 730 円

銀閣寺 喜み家

ぎんかくじ きみや

Ginkakuji Kimiya

白玉豆かんの白玉は歯触りよくモチモチの触感が赤えんどう豆と絶妙な組み合わせ。クリームあんみつは見た目も楽しげな人気メニュー。

昔懐かしい「豆かん」の味

哲学の道から西へ少し歩いたところにある豆かんのお店。東京出身の店主が、昔懐かしい豆かんの味を京都にもとお店を開いたところ、今では銀閣寺、南禅寺などの多くの観光客が噂を聞きつけ立ち寄るお店になった。冬には白味噌雑煮も楽しめる。

㊟ 京都市左京区浄土寺上南田町 37-1
☎ 075-761-4127
㊕ 10 時 30 分〜 17 時 30 分　㊡ 不定休
㊇ 市バス「銀閣寺前」、「浄土寺」下車徒歩 3 分
【おすすめメニュー】
まる豆かん 700 円／白味噌雑煮（冬期のみ）700 円／かき氷（夏期のみ）550 円より

日本庭園が美しい人気の甘味処

あずき処、宝泉堂が営む茶寮。築100年、数寄屋造りの座敷からは四季折々の移ろいを感じる日本庭園が眺められる。職人の技が光る作りたての生菓子は常時5〜6種類から選ぶことができる。茶寮宝泉名物のわらび餅は貴重な国産のわらび粉を丹念に練り上げた逸品。

茶寮宝泉《さりょうほうせん》

Saryo Hosen

お持ち帰りに、しぼり豆丹波黒大寿や、丹波大納言小豆で下鴨神社御紋二葉葵をかたどった賀茂葵も人気。

㊟ 京都市左京区下鴨西高木町 25
☎ 075-712-1270　時 10時〜17時（ラストオーダー 16時45分）　休 水曜日（祝日の場合、翌平日休み）
交 地下鉄「北大路」駅より乗り換え、市バス「下鴨東本町」下車徒歩2分
【おすすめメニュー】
○喫茶メニュー：わらび餅 950円／生菓子お抹茶セット 840円
○お持ち帰り：しぼり豆丹波黒大寿 630円（100g入り〜）／賀茂葵 158円（一枚〜）

町屋菓子工房凡蔵

まちやかしこうぼう ぼんくら

・・・・・・・・・・

Bonkura

名パティシエの絶品スイーツ

代表作「凡蔵ロール」や、サクサク皮の「クッキーシュー」をはじめ、絶品スイーツの数々は、地元でも絶大な人気を誇る。店主であるパティシエ佐伯英雄氏の実力が際立つ。油を使わないヘルシーな焼きドーナツも美味しい。

クッキーシューは皮サクサク、クリームしっとりの大満足の味。

㊟ 京都市上京区二番町（七本松通仁和寺街道下ル）
☎ 075-463-0102
㊕ 9時～20時（夏期19時） ㊡ 火曜日
㊯ 京福電鉄「北野白梅町」駅から徒歩10分

とらや 京都一条店

とらや きょうと いちじょうてん

・・・・・・・・・・

Toraya Kyoto Ichijoten

5世紀の歴史をもつ老舗和菓子店

室町時代後期に京都で創業した老舗和菓子店。代表商品としては小倉羊羹「夜の梅」が知られる。羊羹や最中などの定番商品に加え、年中行事や季節の移ろいを表した菓子も。ここ京都一条店では、京都にちなんだ素材を用いた限定商品もおいている。

「京都限定小形羊羹」の黒豆黄粉と白味噌（1本210円）、そのほか「竹皮包羊羹」（1本2625円）もおすすめ。

写真；福澤昭嘉

㊟ 京都市上京区烏丸通一条角
☎ 075-441-3111
㊕ 平日9時～19時　土・日・祝日9時～18時 ㊡ 元旦と8月の第4月曜日は休み ㊯ 地下鉄「今出川」駅から徒歩7分
【おすすめメニュー】
竹皮包羊羹1本2625円／京都限定小形羊羹　白味噌・黒豆黄粉各1本210円／季節の生菓子1個420円

丸久小山園 西洞院店

茶房元庵

まるきゅうこやまえん にしのとういんてん
さぼうもとあん

Sabou Motoan

抹茶のケーキセット。飲物は、薄茶、煎茶、ほうじ茶、玄米茶、グリーンティー、クリームティー、紅茶から選べる。

庭を眺めながらお茶を一服

「品質本位の茶づくり」で、宇治茶の伝統を受け継ぐ老舗。京町家を改装した西洞院店、売店では、抹茶や玉露、煎茶などを販売する。併設の茶房「元庵」では、庭を眺めながらお茶やお菓子がいただけるほか、テイクアウトとして抹茶ソフトクリームやほうじ茶ソフトクリームも楽しめる。

(住) 京都市中京区西洞院通御池下ル西側
☎ 075-223-0909　(時) 茶房：10時30分～17時（ラストオーダー）／売店：9時30分～18時 (休) 水曜日、正月三箇日
(交) 地下鉄「烏丸御池」駅、「二条城前」駅から徒歩6分
【おすすめメニュー】
抹茶のケーキセット　1100円／薄茶「雲鶴」と和菓子　1000円／抹茶ソフトクリーム、ほうじ茶ソフトクリーム（テイクアウト、各350円）

ル・プチメック今出川店

ル・プチメックいまでがわてん

・・・・・・・・・・

Le Petit Mec Imadegawa

「パリの気分」が味わえるお店

パン屋の激戦区京都のなかで、押しも押されもせぬ人気店。フランス料理で修業した店主が、リアルフランスとは違う、日本人の視点から見た「フランス」を表現する。冷蔵長時間醗酵した生地で作るバゲットやクロワッサン、カンパーニュはどれも深い味わい。

カフェのテーブルクロスは赤と白のギンガムチェック。素敵なポスターが壁を飾る。店主が開業前から集め、このポスターがぴったり張れる物件を探したそう。店名の意味は「このガキ」。

(住) 京都市上京区今出川通大宮西入元北小路町 159
☎ 075-432-1444　(時) 8 時～ 20 時（ラストオーダー 19 時）
(休) 月、火、水、木曜日（祝日は営業）
(交) 市バス「今出川大宮」下車徒歩 2 分

ル・プチメック御池店

ル・プチメックおいけてん

・・・・・・・・・・

Le Petit Mec Oike

1号店と違う切り口で楽しもう

人気の今出川店とはまた違った品揃えで勝負する2号店。今出川店では扱わなかった食パンの種類は豊富。そのほか、甘系、調理系のパン、サンドイッチも充実している。「フランス料理のよさをパンで伝えたい」という店主の思いが伝わってくるよう。

1 号店が通称「赤メック」と呼ばれるのに対し、こちらは「黒メック」。外観、内装ともに 1 号店と趣を変えている。平日に営業しているのもうれしい。

(住) 京都市中京区御池衣棚通上ル下妙覚寺町 186 ピスカリア光樹 1F
☎ 075-212-7735
(時) 9 時～ 20 時　(休) 火曜日
(交) 地下鉄「烏丸御池」駅から徒歩 5 分

おはぎはつぶあん、こしあん、きなこの3種類。
大ぶりなのに飽きのこない味でファンも多い。

今西軒《いまにしけん》

Imanishiken

伝統の味を継承するおはぎの店

明治30年創業。京都を代表するおはぎのお店。代々伝わる昔ながらの手作りの味は、一度食べると忘れられない。甘さ控えめのあんこはボリュームたっぷり。素材にこだわるから一日の販売数はおのずと限られる。店前には朝から開店を待つ人が大勢集まる。

㊟京都市下京区五条通烏丸西入ル一筋目下ル横諏訪町 312
☎ 075-351-5825　㊕9時30分〜売り切れまで
㊡火曜日、第1、第3月曜日、7, 8月は月・火定休
㊫地下鉄「五条」駅から徒歩1分
【おすすめメニュー】
おはぎ 各1個 170円／ゆであずき「あんてぃーく」840円

京都と私〔3〕

ギルモアさんがアメリカに帰ったあと、祖母は苦労しながら母を育てました。しばらくは京都を離れていたけれど、その後、京都・下鴨の実家に戻って、その家に暮らしていた祖母の伯母と一緒に生活を始めました。家は、京都府立植物園と京都府立大学に挟まれたあたりで、京都市内の北の方。その少し南側を東西に走る北大路通りにまだ市電が走っていた時代のことです。

当時祖母が働いていたのはバーでした。夕方になると祖母は一人で、母を伯母にあずけて家から仕事に出ていきます。そのときいつも、小さな母がこう言って祖母を見送りました。

「はよう帰ってきてなあ、チョコレートこうてきてなあ」

その頃のバーや酒場には、バンドが入っていないため、流しのものがふらっと入ってきて演奏をしていく。当時、流しと言えばあまりガラがいいとは言えない人が多かった。でもその中に一人、他の人とは雰囲気が違うどこか上品なギタリストがいました。京都市から少し離れた天橋立出身の人で、ヒロシという名の男性でした。当時の日本人の男はじじむさくていやだったのよ、と笑う祖母にとっても、ヒロシには垢抜けた魅力があったらしい。

そんなヒロシのことを最初に好きになったのは、祖母の友だちでした。そこで祖母が、3人で一緒にお好み焼を食べに行く機会を作りました。でもその夜、ヒロシはあまり楽しそうには見えなかった。そして突然、帰るといって出て行ってしまう。それからしばらくしてからのことでした。ヒロシは祖母にこう言ったのです。

「ほんとはあんたのことが好きやったんや」

それから祖母も彼を好きになる。二人で会うようになり、彼は手紙をくれたりしました。祖母が誰か男の人を紹介してくるたびに「いやだな」と思っていた母も、ヒロシにはすぐなつき、好きになった。そしてある日の夕方、母が、夕日に照らされオレンジ色に輝くとってもかわいい笑顔をヒロシに向かって見せたとき、ヒロシは祖母と一緒になることを決めたのでした。

そのヒロシが、母にとっては事実上の父親なのです。そして私にとって、祖父と言えばその人なのです。

母は、十代後半になるまで生みの父親が別にいることは知りませんでした。でも本当のことを知ったとき母は、驚きなどよりもむしろ感謝の気持ちの方が強かったと言います。母はヒロシにまず、ありがとう、と言ったのです。それだけヒロシは、実父と変わらない愛情を母に注いでくれていたのであり、母にとって彼が父親であることは全く揺らがなかったのです。

母が19歳でデビューするころまで、祖母と祖父と母は京都に住んでいました。３人で暮らしていたのは東山の仁王門というあたり。家のそばには川がある。そしてちょうど偶然にも、その川を挟んだ向かい側は、母の産みの父親であるギルモアさんがもともと駐留していた場所でした。母が言います。

「ちょうどそこにはアメリカ兵専門の洗濯屋さんがあってね。私は小さいとき、その洗濯屋さんにとってもかわいがってもらったのを覚えているの」

まだ母が生まれる前、ギルモアさんもその洗濯屋さんに来ていたのかもしれない。そう思うと、それは偶然であり、偶然でないような気もしてきます。縁というのはきっとそういうものなんだろうな、と思うのです。そして祖母とギルモアさんとの真珠屋での出会いがなければ私もこの世に生まれてはいなかった……。

自分も京都とそんな縁で結ばれていることを、いまになって実感します。20代のころ、たまに祖父に連れられて京都の古めかしい喫茶店に一緒に行ったりすることがありました。そのときは、私自身京都に対してまだ深く感じ入ってはいなかったものの、もしかすると祖父は、京都という街の記憶を私自身の中に忍び込ませてくれたのかもしれません。それがいま私の中で、芽を出してきたのかなって気もするのです。

Kyoto Walking

鞍馬口通エリアを歩く

京都御所から北西へ1.5キロほど行った所にある住宅街に、
おもしろいお店が並んでいるエリアがあります。
名物のお蕎麦屋さんやわらび餅屋さん、カフェや文具屋さん…
最近若者にも人気のスポットです。

「鞍馬口通」は東西に渡る非常に長い道です。ご紹介したエリアは千本通よりの地域で、「千本鞍馬口」交差点から歩いて入るのがよいでしょう。

さらさ西陣《さらさ にしじん》

Salasa Nishijin

銭湯をリノベーションしたカフェ

築80年の銭湯・旧藤ノ森温泉をリノベーションして作られたカフェ。銭湯当時のタイルなどがそのまま使われている独特の雰囲気は、地元民にも愛され、若者のファンも多い。ギャラリー展示やライブなどのイベントも充実。

銭湯当時そのままのタイルの壁。長湯をするようにゆったりとくつろげる。

㊟京都市北区紫野東藤ノ森町11-1
☎075-432-5075
㊐12時～23時（ラストオーダー22時）㊡水曜日
㊋市バス「大徳寺」より徒歩7分

茶洛《さらく》

Saraku

大人のわらび餅をご賞味あれ

行列のたえないことで知られるわらび餅の店。開店から1時間で売り切れることもあるという「京わらびもち」は、とろけるようなやわらかな食感が特徴。ニッキ、しょうが、抹茶の粉をそれぞれ生地に練り込んであり、いずれも大人の味。人気店の多い鞍馬口通りに来たら、必ず一度は味わいたい。

㊟京都市北区紫野東藤ノ森町10-1（鞍馬口智恵光院東入ル）
☎075-431-2005
㊐11時～　ただし、商品売り切れ次第終了。
㊡水曜日、木曜日
㊋市バス「大徳寺」下車徒歩7分

手打ち蕎麦 かね井《かねい》

Kanei

店主の情熱が伝わる人気のお店

絶大な支持を得る手打ち蕎麦の店。手入れの行き届いた美しい町家のたたずまいから、蕎麦を食する客への思いが感じられる。蕎麦のほどよいコシ、つゆのまろやかな味付けは、店主の丁寧で確かな職人技と情熱に満ちている。おすすめの季節の日本酒で、昼から一杯もオツなもの。

店内のゆっくりとした時間のなかで、存分に蕎麦を堪能したい。

㊟ 京都市北区紫野東藤ノ森町 11-1（鞍馬口智恵光院角）
☎ 075-441-8283
㊋ 11 時 30 分すぎ～14 時 30 分（ラストオーダー）
17 時～19 時（ラストオーダー）※ともに売り切れ仕舞い
㊡ 月曜日（祝日の場合営業、翌日振替休）
㊛ 市バス「大徳寺前」より徒歩 7 分

かみ添《かみそえ》

Kamisoe

日本伝統の装飾和紙が美しい

襖紙や壁紙から便箋、封筒、ポストカードまでさまざまな紙の製品を展示・販売する。多種多様な版木を用い、手摺りで文様を写すという古典印刷技術による美しい品々には、京都の職人の丁寧な仕事ぶりが詰まっている。

伝統を大切にしつつもモダンな店構え。襖やついたてなどの製作も相談に応じて受け付けている。

㊟ 京都市北区紫野東藤ノ森町 11-1
☎ 075-432-8555
㊋ 11 時～18 時　㊡ 月曜日
㊛ 市バス「大徳寺前」より徒歩 7 分

Chapter 4

Goods Shops

「京の品物」は カワイくて美しい

静かに並ぶ町家のおうちの一軒に、
ぽっとあかりが灯っている。
中を覗くと小さな器やアンティークが、
はんなり優しく並んでる。
京都の魅力の一つは、そんな小さなお店たち。
がらがらと格子戸を開けると、
いつも新たな出会いと感激が——。

ものに出合うだけでなく、人に出会える

あれもかわいいし、これも素敵……。お店に入って顔をほころばせながら眺めていると、店員さんと「あ、こんにちは」って話が始まる。器について説明してもらいながら、ちょっと町の話をしたりする。そうしてゆっくりと、店内の雰囲気と店員さんたちとの会話を味わうのが京都流。素敵だなって思うお店はいつも、やっている方の人柄や表現したいものが、店全体や、置いてあるもの一つひとつに表れているんですよね。京都にはそんなお店がほんとに多い。その代表的な存在が、私にとってはザ・ライティングショップさん。この店に来るために京都にやってくることもあるんです。

㊟ 京都市中京区蛸薬師通富小路東入ル油屋町 141 Octhill 1F
☎ 075-211-4332
㊡ 13 時～ 18 時　㊡ 水曜日
㊡ 阪急「河原町」駅から徒歩 10 分

THE WRITING SHOP

ザ・ライティングショップ

店内にはヨーロッパの紙製品や文具が並ぶ。受け取った人の顔を思い浮かべると、誰かに手紙を出さずにはいられなくなる。金をあしらったグリーティングカードは一生の思い出に。

心が温まるステーショナリー

和文具を扱うお店が多く並ぶ京都のなかで、万年筆などで書くための便箋やカードを紹介したいという思いからお店をスタート。一つひとつの品にオーナーの心がこもる。活版印刷の名刺やグリーティングカードは贈答品としても喜ばれそう。

Pro Antiques "COM"

プロ アンティーク コム

京都屈指のアイテム数を誇るお店

古いものを大切に守る京都。先人達の知恵に助けられて「いにしえ」をしっかりと受け継いで来た京都の魅力を提供。築120年の町家を改装した2階建ての店主いわく「ウナギの寝床」には、生活骨董を中心に日本のアンティークがぎっしりと揃っている。

(住) 京都市中京区三条通高倉上ル東片町616
京都文化博物館前　コムハウス01
☎ 075-254-7536　(時) 12時～21時
(休) 火曜日・水曜日不定休（春・秋の観光シーズン無休）
(交) 地下鉄「烏丸御池」駅から徒歩5分、
阪急「「烏丸」駅から徒歩10分

【おすすめ商品】明治プレスガラスレース皿　2000円～／大正時代平電気ガサ　3000円／金属ぶち昭和初期ガラスコースター　700円～

京都屈指の総アイテム数1700。和洋の食器、家具、照明器具、雑貨が店内にずらりと並ぶ。

モットーは、「生活に隠し味を」。ずっと使えて愛着のわく一品に出会えるお店。／緑と白を基調にした素敵な店内。

Second Spice

セカンドスパイス

日常で使いやすい素敵な器たち

約200名の器作家とつながり、常時40～50名の作品が店頭に並ぶ器のお店。京都・東京の料理屋の器のプロデュースも手掛け、オリジナルの作家作品も数多く並ぶ。また、日常の器として使いやすいものばかりをセレクトしている。

(住) 京都市上京区河原町
丸太町上ル毎日新聞京都ビル1F
☎ 075-213-4307
(時) 11時 - 19時
(休) 木曜日、第3水曜日
(交) 市バス「河原町丸太町」
下車徒歩3分

ANTIQUE belle

アンティークベル

雑貨感覚で楽しめる骨董品

お値打ちものの骨董品から小皿などの食器、照明器具、家具などがずらっと並ぶ店内はお客様を飽きさせない。「構えず雑貨感覚で骨董品を使ってほしい」という店主の思いの通り、日常生活で長く大切に使いたいものばかり。

㊟ 京都市中京区姉小路通御幸町
東入ル丸屋町 334
☎ 075-212-7668
㊋ 12 時～ 19 時　㊡ 無休
㊫ 地下鉄「京都市役所前」駅から徒歩 5 分、地下鉄「烏丸御池」駅から徒歩 10 分、阪急「河原町」駅から徒歩 10 分

商品はどれも手ごろな価格。アンティークに縁がない人も気軽な気持ちでのぞいてみてはいかが？

TESSAIDO ANNEX 昴

てっさいどう アネックス すばる

アンティークをもっと身近に感じるお店

骨董の世界に気軽に触れてもらえるよう器の使い方を提案するアンティークショップ。アンティークだけでなく、現代作家の取り扱いもあり、古今問わず本当によいものを若い人たちにも楽しんでもらえるようなショップ展開をしている。

こじんまりとした店内には、店主の永松仁美さんがセレクトしたヨーロッパのグラスやお皿などが美しく並ぶ。永松さんとお話ししながらじっくりと選べる雰囲気も魅力。

(住) 京都市東山区古門前大和大路東入ル元町 378-1
(2012 年 11 月より移転予定)
☎ 075-525-0805
(時) 13 時～ 18 時　(休) 日曜日、月曜日、第 2 火曜日
(交) 京阪「三条」駅から徒歩 5 分、地下鉄「三条京阪」駅から徒歩 5 分

n o m a

ノマ

「こだわりの空間」を求める人へ

店内には、北欧のヴィンテージを中心にヨーロッパ、アメリカの食器や家具が並ぶ。ノルディックの「no」、空間の「ma」を組み合わせたのが店名の由来。著名作家だけでなく、若い作家の作品も展示。こだわりの空間を作りたい、そういう店主の思いがあふれた素敵なお店。

北欧を中心とした各種アンティークの数々は、眺めているだけで楽しくなる。

カップ＆ソーサーはスゥエーデンのスティグ・リンドベリ。

(住) 京都市左京区岡崎円勝寺町 36-1　☎ 075-752-7317
(時) 12 時～ 17 時 30 分　(休) 月曜日、火曜日、水曜日
(交) 地下鉄「東山」駅から徒歩 5 分

草星

くさぼし

・・・・・・・・・

Kusaboshi

「草星」は「すばる」の別称。ひとが集まって輝く場所になれますように…との願いが込められている。食器はどれも土のぬくもりが感じられる。

器で毎日の食卓が楽しくなる

こじんまりとした店内には、素朴な味わいのある食器が並ぶ。普通の家で使い、毎日の食事がよりおいしく感じられるような器を提案。作家とのコラボレーション作品も。女性客のほか、最近では料理好きな男性客もすくなくない。

(住) 京都市上京区河原町丸太町上る出水町 266-9
☎ 075-213-5152
(時) 11 時～ 19 時　(休) 木曜日
(交) 京阪「神宮丸太町」駅から徒歩 5 分、市バス「河原町丸太町」下車すぐ

セレクトショップ 京

セレクトショップ　きょう

・・・・・・・・・

Select Shop Kyo

日本文化の発信都市・京都だけあって、世界中の旅行客がお店の伝統工芸品に目を留める。ホテルの宿泊客をはじめとして、地元客や芸能人も訪れるお店。

日本の伝統工芸品を世界中に

ハイアットリージェンシー京都の1階にある。“モダンな和”をコンセプトに、現代の生活にも馴染む伝統工芸品や、作家の作品、オリジナルの商品を、広く全国から揃えている。企画展示や作家とのコラボレーションも充実し、ここでしか手に入らない品も多く、リピーター多数。

(住) 京都市東山区三十三間堂廻り 644 番地 2
ハイアットリージェンシー京都　ロビー内
☎ 075-541-3206
(時) 8 時 30 分～ 18 時　(休) 無休
(交) 京阪「七条」駅から徒歩 7 分

ギャラリー 遊形

ギャラリーゆうけい

Gallery Yukei

名旅館の品格漂う品物の数々

俵屋旅館の客室で使われているこだわりの備品を提供する俵屋旅館の直営店。石鹸、タオル、寝具、ほとんどの商品が、俵屋の十一代目主人である当代によってデザインされている。どれも素材選びの段階から一つひとつ丁寧に吟味されて作られた逸品ばかり。遊形サロン・ド・テとともに楽しみたい。

㊟ 京都市中京区姉小路通
麩屋町東入ル姉大東町 551
☎ 075-257-6880
㊕ 10 時～ 19 時
㊡ 第 1 火曜日、第 3 火曜日
(4、5、10、11 月は無休)
㊯ 地下鉄「京都市役所前」駅から徒歩 6 分

代々受け継がれた板木に彫られた文様を一つひとつ手仕事で和紙に写し取り、襖紙や壁紙を作る。歴史的建造物のなかから日常の小物まで、京都を彩り続けてきた。唐長文様のストールなども販売。

唐長 四条烏丸ショップ

からちょう しじょうからすまショップ

karacho

日本伝統の装飾和紙が美しい

江戸時代より 400 年続く、日本唯一現存する唐紙屋。COCON 烏丸 1 階にある四条烏丸ショップは、唐長のある暮らしをテーマに、パネル、タペストリー、ランプ、小物などを通じて伝統とモダンを生き続ける普遍美を提案しているギフトショップ。

㊟ 京都市下京区烏丸通四条下ル水銀屋町 620 番地
COCON 烏丸 1F ☎ 075-353-5885
㊕ 11 時～ 19 時 ㊡ 火曜日
㊯ 地下鉄「四条」駅からすぐ、阪急「烏丸」駅からすぐ

ROKKAKU《ろっかく》

オーダーメイドできるペーパーアイテム

ウェディングをはじめ、大切な日に想いを伝えるためのペーパーアイテムが美しく並ぶ店。季節感や京都らしさのこもった紙やマークを選び、自分だけの一品をオーダーメイドできる。専門のスタッフに加工や印刷について提案してもらえるのもうれしい。

和と洋を絶妙に織りまぜた店内には、箔押しの紙製品が並ぶ。オリジナルのポストカードは季節ごとにデザインが変わる。

住 京都市中京区六角通堺町東入ル
堀ノ上町 109 番地 サクライカードビル内
☎ 075-221-6280
時 11 時～ 20 時　休 水曜日
交 地下鉄「烏丸御池」駅から徒歩 5 分、地下鉄「四条」駅・阪急「烏丸」駅から徒歩 7 分

裏具《うらぐ》

Uragu

かわいいデザインの便箋やメモ帳

「裏具」は「嬉（うら）ぐ」に由来する。うれしい気持ちを大切な人に伝えるための手紙周りの道具を扱うお店。柄がはっきりとしてかわいい小さなメモ帳「まめも」から、印刷はなく紙にこだわったシックな「透かし便箋」まで幅広い。

すべて自社でデザインしたかわいい品々が並ぶ。京都らしさに満ちた宮川町の奥まった場所にあるのもまた魅力。

住 京都市東山区宮川筋 4-297　☎ 075-551-1357
時 12 時～ 18 時　休 月曜日（祝日の場合は翌日休）
交 京阪「祇園四条」駅から徒歩 5 分

リスン京都

リスン きょうと

Lisn Kyoto

ゆったりと好きな香りを探そう

現代のライフスタイルに合う香りを提案するインセンスショップ。「リスン」の名は、日本の古くからの「香りを"聞く"」という表現からきている。ガラス張りの透明感あふれる店内で、ゆったりと好きな香りを探すことができるお店。

さまざまなテーマで毎年新しい香りを発表している。写真は世界に吹く風をイメージした「WORLD WIND SERIES」で、ハワイがモチーフの「Kapalilua ーカパリルアー」(写真左下)。パッケージも素敵。贈り物にもぴったり。

住 京都市下京区烏丸通四条下ル COCON 烏丸 1 階
☎ 075-353-6466
時 11 時～ 20 時　休 不定休
交 地下鉄「四条」駅からすぐ、
阪急「烏丸」駅からすぐ。

鈴木松風堂

すずきしょうふうどう

Suzuki Shofudo

日本らしさ抜群の可愛い和雑貨

伝統ある型染の和紙を使用したさまざまな和雑貨を取り揃えた店。パスタケースやノートといった身近なものが、型を使って染めた優しく繊細な紋様の和紙に包まれ、可愛らしい一品に仕上げられている。自分用にも贈り物にもほしくなる。

ドットの紙で作った「はがき箱」1680 円。「使い勝手がとてもいい」

住 京都市中京区井筒屋町 409・410
☎ 075-231-5003
時 10 時～ 19 時　休 年末年始
交 阪急「烏丸」駅、地下鉄「四条」駅から徒歩 10 分、
地下鉄「烏丸御池」駅から徒歩 10 分、
市バス「四条高倉」下車徒歩 5 分

サンタ・マリア・ノヴェッラ祇園

Santa Maria Novella

約 800 年間愛され続けてきた世界最古の香り

イタリア・フィレンツェで約 800 年もの歴史を誇る世界最古の薬局、サンタ・マリア・ノヴェッラの祇園店。メディチ家、ナポレオンといったそうそうたる人々に愛されてきたフレグランスは、今も創業当初のレシピを元に作られる。まさに香りの歴史そのものが並ぶ。

約 40 種類ものオーデコロンやポプリ、インセンスなどが揃うお店。店内も京都っぽい和テイスト。

㊟ 京都市東山区祇園祇園清本町 373
☎ 075-533-7716
㊋ 11 時～ 21 時　㊡ 年末年始
㊚ 京阪「祇園四条」駅から徒歩 5 分

山田松香木店《やまだまつこうぼくてん》 京都本店

Yamadamatsu Kobokuten

「日本の香り文化」を伝承

江戸時代から続く香木、香製品の老舗。平安時代より続く「日本の香り文化」を、その発祥・発展の地で正統に伝承している。お店では、事前に予約すれば、さまざまなミニ聞香体験や匂袋作り、煉香作りも体験できる。

12 ヶ月の花々をかたどった印香に、香皿と香立てを詰め合わせた「花京香 12 ヶ月印香・香皿揃え」(3885 円)。

㊟ 京都市上京区勘解由小路町 164（室町通下立売上ル）
☎ 075-441-1123　㊋ 10 時～ 17 時 30 分
㊡ 年末年始、夏期休業（お盆期間）
㊚ 地下鉄「丸太町」駅から徒歩 5 分

香老舗 松栄堂 京都本店

こうろうほ しょうえいどう

Shoyeido

芳輪シリーズの新製品「白川」。白檀の香りがふわりと広がり、すっきりとした残り香。渦巻型10枚入1785円、60枚入8400円、スティック型20本入840円、80本入2310円

300年の伝統が生み出す香りの文化

今から300年ほど前に創業。伝統に培われた豊かな経験値・情報力・技術力から、宗教用の薫香をはじめ、茶の湯の席で用いる香木や練香、お座敷用の高級線香や手軽なインセンス、匂い袋などを生み出す。また、出版やワークョップなど、さまざまな文化活動を通じて、香り文化の継承と発展にも取り組んでいる。

白檀（びゃくだん）をベースにした伝統的な香りに、華やかさを添えたお香「芳輪 二条」。渦巻型10枚入1260円、60枚入6300円、スティック型20本入630円、80本入1785円。

ひょうたん形の匂い袋「誰が袖 ふくべ」。おだやかな和の香りが漂う。1個472円

㊟ 京都市中京区烏丸通二条上ル東側　☎ 075-212-5590
㊖ 9時～19時（土曜 ～18時、日曜 ～17時）　㊡ 無休
㊇ 地下鉄「丸太町」駅から徒歩3分、地下鉄「烏丸御池」駅から徒歩5分

京都 とうがらしおじゃこ かむら

Kyoto Tougarashi Ojako

ごはんにもお酒にも合う大人の味

工夫好きの店主が、食卓に乗せる市販のじゃこの味が物足らず、自分で改良を重ね作り上げたものが評判となり、今ではテレビ、雑誌でも取り上げられる京名物の一つとなった。防腐剤などの添加物は一切なし。心のこもった手作りの味が楽しめる。

青唐辛子を使ったおじゃこは、じゃこの香ばしさの中にぴりっとした辛みが絶妙な一品。ご飯にもお酒にも合う。お土産に是非買って帰りたい。

㊟ 京都市京都市東山区常盤町468-2
☎ 075-531-5301　㊖ 10時～18時30分　㊡ 水曜日
㊇ 京阪「七条」駅から徒歩15分、
市バス「馬町」下車徒歩3分

ニューヨークと私

旅をするようになったのは19歳のころ。仕事も忙しくなり始めて、自分にも自信がついてきたときで、すごく生意気な時期でした（笑）。そんな私に対してある先輩が、もうちょっといろんな世界を見た方がいいって勧めてくれたのがニューヨークでした。

それからすぐに、英語もできないのに一人で飛行機に乗って行ってみました。そして私はその街に完全に圧倒されてしまったの。建物も人も空気も、目の前にあるものすべてが刺激的で、うわあああ、って感じでした。

特に刺激を受けたのは、「アポロシアター」に行ったとき。マイケル・ジャクソンを始め数々の大物を輩出したことで知られるニューヨークを代表する劇場なんだけど、そこであるオーディションみたいなのを見に行って、本当に心が震えたんです。たくさんの人が、踊ったり歌ったりして競いあう。拍手の大きい人だけが次のステップに上がれる完全な実力の世界。みなまだ無名な人たちなのに、それぞれがすごい情熱と才能をきらめかせて人を魅了し、勝負している。そのすごさに圧倒されて、私はいったい何をやってるんだろうって、ショックを受けてしまったんです。

こうしてはいられない。自分にしか出来ない何かを残したいって思った。自分の中に激震が走ったというほど、衝撃と刺激を受けて帰ってきました。

それから半年後ぐらいにもう一度行ったときは、あるご飯屋さんでのことが印象に残ってる。最初のときに行ったお店でよくしてもらったマスターに、もう一度会いに行くって気持ちだったんだけど、行ってみると彼は私のことを覚えてなかった。そのとき、寂しい気持ちになってる自分に気がつきました。日本では一応は名前を知っててもらえるし、覚えてもらえるのが当たり前になってた。でもそのとき、そりゃそうだよな、こんな広い世界で、私ごときがみんなに覚えててもらえるわけないって、とても冷静な自分が生まれてきたんです。

そうやっていろんなことを感じながら４回ほど行ったニューヨーク。あの街はいつも私に何か新しいものを与えてくれました。その経験は私の中で何かを変えた。自分はこういうことがやりたいっていう意思のようなものが、とてもはっきり出てくるようになったんです。

その意思が最も具体的な行動に表れたのが、女性誌『ＪＪ』の編集長に会いに行って連載のページをもらったことです。自分はどうやったら芸能界で生きていけるのか、いま何をすべきなのか。そのころとても真剣に考えるようになり、そして、ファッション誌に居場所を見つけることが大事なんじゃないかって思うようになった結果の行動でした。あのときの行動がなかったらきっといまの私はなかったはず。だから、あのころにニューヨークから受けた刺激は、本当に私にとって大切なものだったと思うんです。

そうして気を張る時期がしばらく続き、24、5歳ごろになると、自分の居場所が定着してきて、仕事に対する不安感はぐっと少なくなりました。疲れたな……って感じることも多くなってちょっとぼやっとしていた時期。刺激を得るより、ゆっくり人と話したいなって思うことが徐々に多くなっていって、いつしか自然にニューヨークからは足が遠のいていきました。

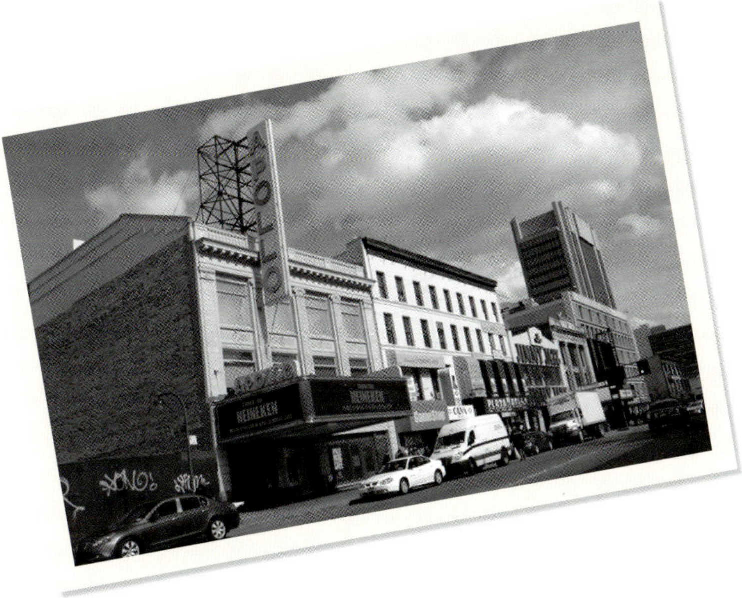
APOLLO
HEINEKEN
HEINEKEN

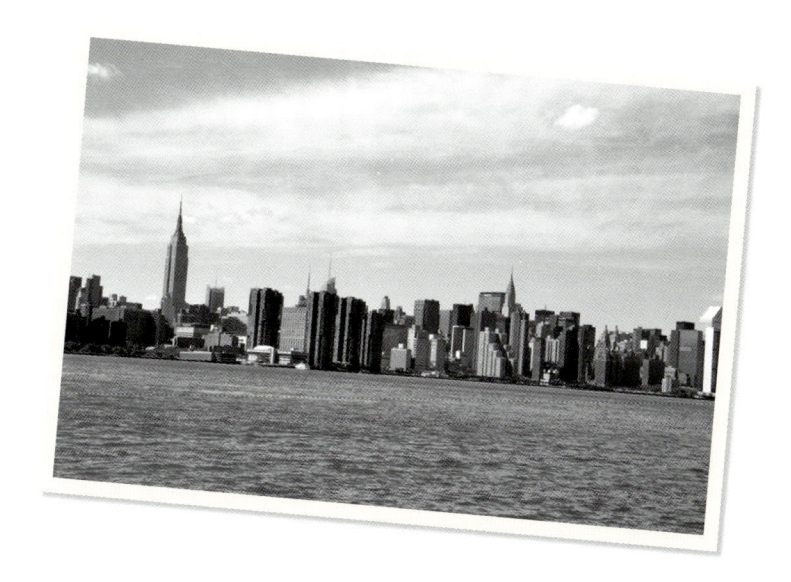

サンフランシスコと私

アメリカ西海岸のサンフランシスコから届いた１枚のクリスマスカードに、私がふと心を奪われたのはそんなときでした。それは私が小学生のときに歌を教わっていた先生からのもの。先生はそのずっと前にご主人のお仕事の都合で向こうに移って、それ以来ずっとサンフランシスコ。とっても素敵な尊敬できる先生で、いろんな節目でカードを送ってくれてたんですが、このときこのカードがサンフランシスコから、向こうの空気と一緒に届いたんだなって思うとなんだかうれしくなって。そしてちょうど、遊びにおいでって言ってくださってたからお言葉に甘えようって行ってみたんです。

そしたら、本当に素敵なところだったの。ニューヨークとは全然違う、今度は自然いっぱいの場所だった。先生の真っ白なおうちのベランダでご飯食べてるとリスが来たり、ワイナリーに行ったらシカが出てきたり。ピーターラビットのウサギみたいなのがワイン畑にわーっといたと思ったら、お弁当作って海辺でピクニックしてるとラッコがすぐそばでカンカンカンカンって……。お庭やオープンカフェとかで太陽浴びてご飯を食べるっていうだけでも新鮮だったりうれしかったりして、ああ、自然に囲まれてるってなんていいんだろうって思った。日本で自分が、いかに毎日スタジオの中ばかりで過ごしているのかを実感しました。

そして自分も先生の家族に入れてもらったみたいだったのがすごくうれしかった。私は結構早く実家を出ていたし、当時は、「ザ・一人暮らし」というような生活だったから(笑)、家庭があって子どもがいてっていう生活がこんなにあったかくて素敵なものなんだってことを初めて感じたんです。

朝起きたら先生の子どもたちがパンをかじりながらアメリカのアニメを静かに見てて、その姿を私がそばで眺めてる。暖かい日は、ベランダでみんなで朝ご飯。近所の子が

遊びに来てツナのおむすびを握ってあげるとすごい喜んでもらえて人気者になったりするのもうれしくて。結婚願望が強かった時期だったこともあって、そういうのがすごく幸せだったんです。

そのころ、きっと私は休む場所がほしかったんだと思う。これまで私はとにかく仕事ばっかりで、男の人に負けたくないみたいな気持ちでやっていたのが疲れてきたんだろうな。ずっと背伸びしてがんばってきたけど、どこかでこういう家庭的な幸せを求めている自分に気付かされました。

旅って本当に、自分の心の状況がわかるものだなって思います。そのときの自分の気持ちで行く場所って変わってくると感じるし、選ぶ旅先で、自分にはいま何が必要なのかってことがわかるように思います。ニューヨークも、サンフランシスコも、その街自体が、私自身を写す鏡のようなものだったのかもしれない。

だから、27、8歳になって、サンフランシスコにぱたっと行かなくなったとき、私の中でまた何かが変わったのかも。先生からいただいた温かさを自分の中に染み込ませて、新たな一歩を踏み出せたのかもしれません。

パリと私

そして、パリ——。

パリは、特に何かきっかけがあったというより、若いころからいまに至るまで、ずっと私にとって大好きな街なんです。

小さい美術館やアトリエなんかが、小道を歩いているときにふと目に入って、あ、こんなところに……っていう感覚がすごく気に入って。

19歳で最初に仕事で行ったころは、アメリカの方が行き慣れてたし、フランスは英語も全く通じないってイメージがあったから、いいなって思っても一人で行くのはどこか尻込みしていたところがありました。でもそれからまた撮影で行く機会があったとき、なんとなく街の雰囲気もつかめて、あ、これなら行けるかもって感覚に。そして25歳で初めてプライベートで一人で行ってから、パリの魅力をどんどん感じるようになりました。

パリはただ歩いているだけでも好き。人の歩くスピードがなんだかゆっくりで、自然に気持ちもゆったりした感じになれる。細かいところを見ながら歩いてると、ちょっとした建物がすごく美術品っぽかったりかわいかったりする。たとえばお花屋さん。ほんとにパリってお花屋さんが溢れてるんだけど、たくさんあるのにそれぞれ経営している人の個性が出ていて全然違うんです。お店一つひとつに、その人たちの人柄っていうか表現したいものが出ていて、それが本当に素敵なんですよね。

すれ違った人やお店にいるお姉さんを見て、ああ、いいなって思う瞬間がとても多いのもパリのよさ。そしてそういうお姉さんが、すごく手に入れやすいお洋服屋さんのものをシンプルに着こなしてたりするのも素敵だなって思う。ニューヨークはセレブな感じが魅力で、自分も背伸びしなきゃって思えるのがよさでもあるんだけど、逆にパリは本当にナチュラルなままでいいっていうのが魅力なんですよね。

パリの街って、絵でたとえて言えば、外側の額縁は古いものを大切にしながら使い続け、中身の絵だけを変えてるっていう感じなのかな。古いものを大切にしてそのよさをちゃんと生かしつつも、その人ならではの、いまならではの、オリジナリティを出してる。それはおそらく京都に通じるものがあると思います。そういうパリや京都のよさを心から感じるようになったのは、ある程度年齢を重ねてからのことでした。

旅をしていろんな街を見たり、仕事や生活でいろんな経験をした結果、私はいまの私になった。その私という人間は、もしかするとパリや京都の街の姿に投影されているのかもしれないなって思います。

旅が私にとって大切であるのは、きっとそういうことなんだろうなっていま感じます。きっとみなさんにとっても、そういう街があるのでは？　私にとってニューヨークも、サンフランシスコも、パリも、そして京都も、私自身の歴史や人生とすごく深く関係していることを感じるから特別なんでしょうね。

いま行きたいと思ってるのは、スペインかな。それはきっと、スペイン系だった私の実の祖父であるギルモアさんのこととも関係しているはず。スペインに行ったら自分は何を感じるのか。スペインに行きたいと思う自分は、何を求めているのか。いまはわかりません。でもわからないからこそ、人は旅をするんだろうなって思うんです。

BAR
RESTAURANT
BISTROT
Heineken
BAR
PIERRADES
FONDUES
MOULES
FRITES

「あの人にあげたい」素敵なお土産&贈り物

ここまでにご紹介したお店や寺社以外にも、
素敵なところが京都にはまだまだあります！
一緒に行けなかった人に、今度一緒に行きたい人に
京都の思い出を乗せて買ってあげたい品々。
楽しかった思い出も永遠に残しましょう！

ハート昆布・星うさぎ

五辻の昆布

料理用だけでなくかわいいおやつ昆布がいっぱい。各550円。

葛の彩り

喜久屋

170℃の油で揚げるとパッと花が咲く。料理の添え物などに。女子力アップ！？　10個入り520円。

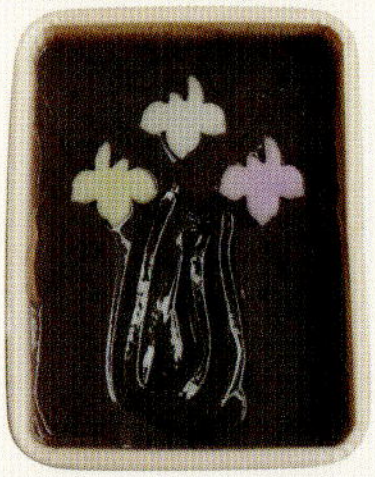

和菓子豆腐

京菓子処 吉廼家

季節によって絵柄が変わる、口当たりのよい水ようかん。写真は「あやめ豆腐」。399円。

フルーツサンド

ホソカワ

新鮮な果物と生クリームが絶妙のバランス！　下鴨本店の他、京都タカシマヤ地下にもお店あり。840円。

和三盆 ハート

甘春堂

さまざまな形の干菓子が楽しめるお店。まるで「自然のミニチュア」。ハート和三盆は8個295円。

和紅茶

椿堂茶舗

日本茶の優良品種「やぶきた」を完全発酵させた希少な国産紅茶。70g1050円。

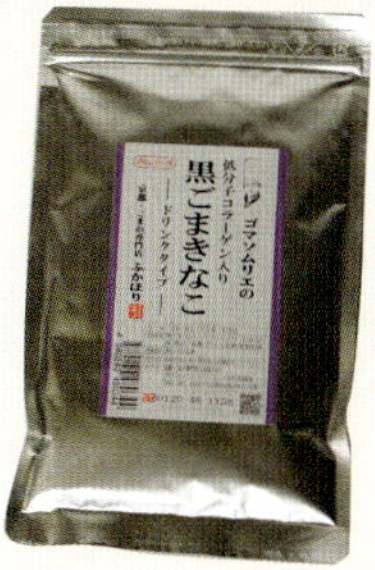

低分子コラーゲン入り
黒ごまきなこ
ごまの専門店ふかほり

ゴマソムリエが送る健康食。ドリンクタイプは牛乳に溶かして飲む。女性におすすめ！　630円。

純米酒「美肌」
（株）北川本家　清酒富翁醸造元

高精白のお米と良質の地下水だけで醸造した美容用の日本酒。420円。
http://www.tomio-sake.co.jp/

ぬか袋
よーじや

「お湯の中で軽くもんで、こすらずにかるくマッサージする感じでお肌を洗うとツルツルに。ボディにも使えます」395円。

元気で、幸せでいられますよーに！

招き猫のお守り・お菓子
檀王法林寺

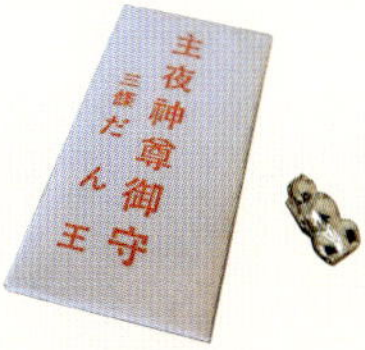

お友達のお土産に。１．５センチの招き猫のお守り。小判のタイプもあって、小さくて可愛い。

商売している方などのお土産に。小さめの６センチ。黒い猫もめずらしい。

檀王法林寺は日本最古の招き猫伝説があるお寺。そこに売っている招き猫キャンディー。おみくじ付きでお土産にも。

病気平癒御守
梨木神社

梨木神社は京都御所近くにある。境内の井戸の水は「染井の水」と呼ばれ、京都三名水の一つ。

開運起き上がりだるま
壬生寺

壬生寺は新選組ゆかりのお寺として有名で、境内には隊士の墓塔がまつられている。

おわりに

祖父はきっと、私に京都を見せたかったんだと思います。「自分の故郷の天橋立にえみりを連れて行きたい」。そう言われて、彼の生まれ育った地に二人で行ったこともありました。

私の両親は、私が４歳のときに離婚しているので、そうして一緒に過ごすことの多かった祖父は、私にとって父のような存在でした。

その祖父が亡くなったのは、いまから３年前のことになります。ガンで、痛みに苦しんだ末の死でした。それから私は、母、祖母、兄とともにいつも互いに寄り添い合いながら暮らしてきました。私が結婚したり、別れたりといったことはあったけれど、私たち家族は、基本的にはずっと変わらずそうして過ごしてきました。

でも、別れは突然やってきました。この本のための京都での初めての取材が終わった３日後のことでした。

おばあちゃんが倒れた――。

知らせを受けた私は、約束を取りやめてすぐに病院に行きました。するとそこには、もう意識のない祖母がいました。

たった数時間前、いつもと変わらぬ様子で話しながら一人で外へ歩き出ていったのに……。

祖母が息を引き取ったのは、それから間もなくのことでした。

10年前に心筋梗塞も脳梗塞もやっていて、一度は死の瀬戸際まで行ったこともある祖母だったし、年齢も年齢だったから、今度何かあったらもうだめかもしれないと言われてはいました。だから、いつかこの日が来るというのは、どこかで感じてはいました。そうかといって心の準備ができていたわけでも当然なくて、あまりにも突然のことでした。

でも、死ぬとき苦しまずにあっという間に逝きたいと祖母が言っていた通りの亡くなり方で、眠りについた祖母の顔は驚くほど安らかでした。湯灌などをしてきれいにしてあげたあとの顔は、なんだかすごく若返って、私をバレエに送ってくれてたときの、50代ぐらいの祖母の顔に戻っていました。「おばあちゃん、なに勝手にきれいになって」そう言いたくなったほどでした。

その顔を見て、祖母は最高に素敵な人生の締めくくり方をしたのかもしれないって私は思いました。

生きて、病気になって、死ぬという、誰もが等しく果たす「神様との約束事」。祖母は人生を存分に生きて、病気とも戦った上で、苦しまずに亡くなっていきました。その姿を見て、もちろん悲しかったけれど、でも感謝の気持ちの方が強かったんです。そして感謝よりもさらに、尊敬の念。それがきっと、眠っている祖母に私が最初に言った言葉に自然に現れたんだと思うんです。
「ご苦労様でした」
　私は、心からそう言いました。これでようやく祖母は、祖父のもとに行けたんです。それは祖母にとっても祖父にとってもきっと一番うれしいことなんですよね。
　祖母が倒れた場所は、うちから200メートルぐらいのところにある教会の前でした。その場所は、ちょうど、ガンで苦しんでいた祖父が、痛みを我慢しながら、でも痛くて苦しくて座り込んだ石のすぐ横だったんです。その偶然の一致に、私は驚かされました。
　いや、それは偶然ではないのでしょう。祖母はきっと、祖父に迎えられて向こうに行ったのです。
　眠りについた祖母の身体の隣に、私たちは一通の手紙を添えました。それは、おそらく半世紀以上前に、祖父が祖母に宛てて書いたものです。それを祖母はずっと大切に持っていたのです。

舞鶴から電話をかけますから
そのとき酔ってゐたら私がどれだけ心配するか其点を
理解してくれたらおまへも酒は口にできない筈です
愛しい美保、明晩は淋しいでせうが、我慢して頂戴
おまへのことばかり想って旅行して来ます
ほんとに好きなのですからね
愛してます　愛してます　愛してます

可愛い美保へ　　　　　　　　　覃より

こんなにも愛に溢れた手紙を出した祖父と、それを大切にしまっていた祖母。3年の間に二人が亡くなっていったことは、やはり残された私たちにはとても辛いことです。

でも、私はこう思います。辛ければ辛いほど、愛し合ったってことなんだろうって。愛があったからこそ、辛いんだと思うのです。大好きでいい思い出があったからこそ辛い。だから、辛いけど、その思い出が本当に自分にとって大切で、かけがえのないものなんだってことをいま感じるんです。

この手紙も、祖母の身体とともに、天国へと旅立ったはずです。きっといまごろ、祖母と祖父は、この手紙のころの気持ちに戻って二人で笑っているのかもしれません。

この本を出すことになって祖母の話を録音したことで、祖母の最後の肉声が残りました。そのことも、そしてこの時期にこの本ができたことも、きっと必然だったように感じます。祖父と祖母の思い出が刻み込まれたこの京都は、これからますます自分にとって大切な街になっていくような気がします。この素敵な街に、私もまた足跡を残していきたい。いま、そう思っています。

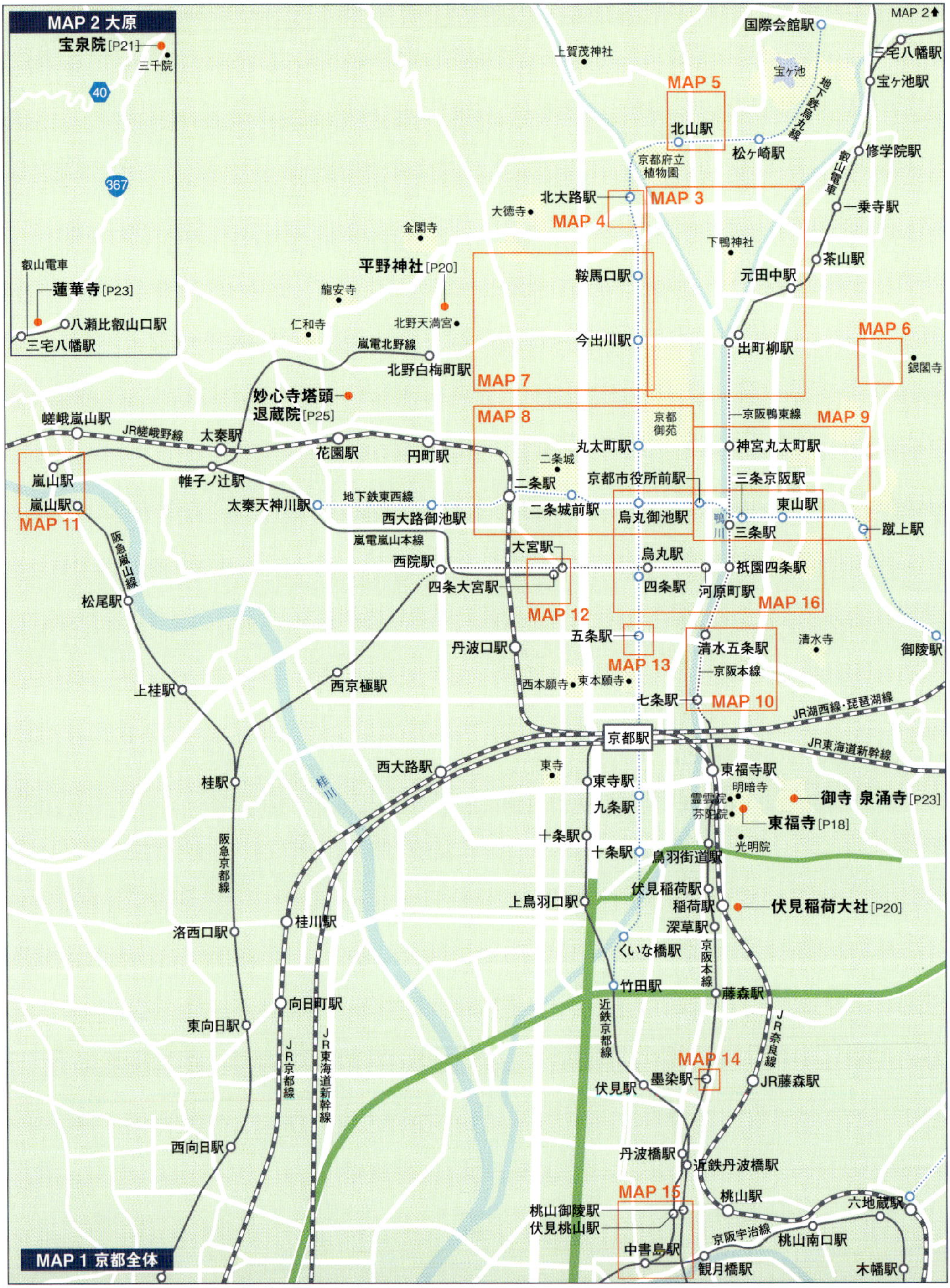
MAP 1 京都全体
MAP 2 大原
宝泉院[P21]
三千院
40
367
叡山電車
蓮華寺[P23]
八瀬比叡山口駅
三宅八幡駅
MAP 2
国際会館駅
上賀茂神社
宝ヶ池
地下鉄烏丸線
三宅八幡駅
宝ヶ池駅
MAP 5
北山駅
松ヶ崎駅
京都府立植物園
修学院駅
叡山電車
北大路駅
MAP 3
大徳寺
MAP 4
一乗寺駅
金閣寺
下鴨神社
平野神社[P20]
茶山駅
鞍馬口駅
元田中駅
龍安寺
仁和寺
北野天満宮
MAP 6
今出川駅
出町柳駅
銀閣寺
嵐電北野線
北野白梅町駅
MAP 7
妙心寺塔頭
退蔵院[P25]
京都御苑
京阪鴨東線
MAP 8
MAP 9
嵯峨嵐山駅
JR嵯峨野線
太秦駅
花園駅
円町駅
丸太町駅
神宮丸太町駅
二条城
嵐山駅
帷子ノ辻駅
二条駅
京都市役所前駅
三条京阪駅
嵐山駅
太秦天神川駅
地下鉄東西線
二条城前駅
烏丸御池駅
東山駅
MAP 11
西大路御池駅
鴨川
三条駅
蹴上駅
阪急嵐山線
嵐電嵐山本線
大宮駅
烏丸駅
西院駅
祇園四条駅
四条大宮駅
四条駅
河原町駅
MAP 16
松尾駅
MAP 12
五条駅
清水五条駅
清水寺
丹波口駅
MAP 13
京阪本線
御陵駅
西京極駅
上桂駅
西本願寺
東本願寺
七条駅
MAP 10
JR湖西線・琵琶湖線
京都駅
JR東海道新幹線
西大路駅
東寺
東福寺駅
桂川
東寺駅
明暗寺
桂駅
霊雲院
御寺 泉涌寺[P23]
九条駅
芬陀院
東福寺[P18]
十条駅
阪急京都線
十条駅
光明院
鳥羽街道駅
伏見稲荷駅
上鳥羽口駅
稲荷駅
伏見稲荷大社[P20]
桂川駅
深草駅
洛西口駅
くいな橋駅
京阪本線
竹田駅
藤森駅
向日町駅
東向日駅
近鉄京都線
JR奈良線
JR京都線
JR東海道新幹線
MAP 14
墨染駅
JR藤森駅
伏見駅
西向日駅
丹波橋駅
近鉄丹波橋駅
MAP 15
桃山駅
六地蔵駅
桃山御陵駅
伏見桃山駅
京阪宇治線
桃山南口駅
中書島駅
観月橋駅
木幡駅

MAP 4 北大路
ビブレ
北大路駅
烏丸通
北大路通
吉廼家[P102]
地下鉄烏丸線
大谷大
MAP 5
葵小
鮨よし田[P38]
フルーツ&カフェ
ホソカワ[P102]
郵便局
コープ
北大路通
京都銀行
茶寮宝泉[P63]
北大路駅(MAP 4)
MAP 5 北山
京上賀茂秋山
[P37]
深泥池
鞍馬街道
地下鉄烏丸線
北山駅
下鴨本通
松ヶ崎通
カナート洛北
下鴨神社[P24]
下鴨本通
下鴨中通
下鴨東通
下鴨中
出雲路橋
鞍馬口通
鞍馬口駅
下鴨小
川端通
高野川
糺の森
上御霊前通
加茂街道
賀茂川
下鴨西通
WEEKENDERS
COFFEE[P55]
寺町通
河合神社[P24]
御蔭橋
元田中駅
叡山電車
御蔭通
相国寺承天閣美術館
御蔭通
下鴨警察署
東大路通
相国寺[P22]
上立売通
葵橋
養正小
一乗寺通
交番
鞠小路通
出町柳駅
出町橋
河合橋
桝形通
出町柳駅
同志社大学
同志社女子大学
同志社女子高・中
みずほ銀行
知恩寺
今出川通
郵便局
賀茂大橋
交番
今出川通
今出川駅(MAP 6)
MAP 6
川端通
鞠小路通
京都大学
京極小
河原町通
寺町通
京阪鴨東線
鴨川
MAP 6 白川通今出川
京都御苑
疏水
今出川通
白川通
銀閣寺
鹿ヶ谷通
梨木神社[P103]
京都精華女子高
京都府立医大病院
銀閣寺㐂み家
[P62]
MAP 3 下鴨〜京都御苑
神宮丸太町駅(MAP 9)

MAP 7 西陣
船岡山公園
船岡南通
手打ち蕎麦 かね井[P75]
茶洛[P74]
かみ添[P75]
さらさ西陣[P74]
紫明通
北大路駅
(MAP 4)
鞍馬口駅
鞍馬口通
鞍馬口通
鞍馬口通
上御霊前通
智恵光院通
引接寺(千本閻魔堂)
廬山寺通
大宮通
茶道資料館
新町通
衣棚通
室町通
寺之内通
宝鏡寺
寺之内通
地下鉄烏丸線
郵便局
七本松通
千本通
上立売通
上立売通
堀川通
五辻の昆布[P102]
五辻通
ル・プチメック
今出川店[P66]
糸仙[P42]
郵便局
京都市
考古資料館
今出川駅
MAP 3
今出川通
郵便局
今出川通
元誓願寺通
西陣織会館
北野白梅町駅
七本松通
六軒町通
橘児童公園
智恵光院通
晴明神社[P22]
とらや
京都一条店
[P64]
油小路通
小川通
新町通
室町通
一条通
京都御苑
烏丸通
郵便局
中立売通
東堀川通
仁和寺街道
町屋菓子工房凡蔵 七本松本店[P64]
上長者町通
MAP 8

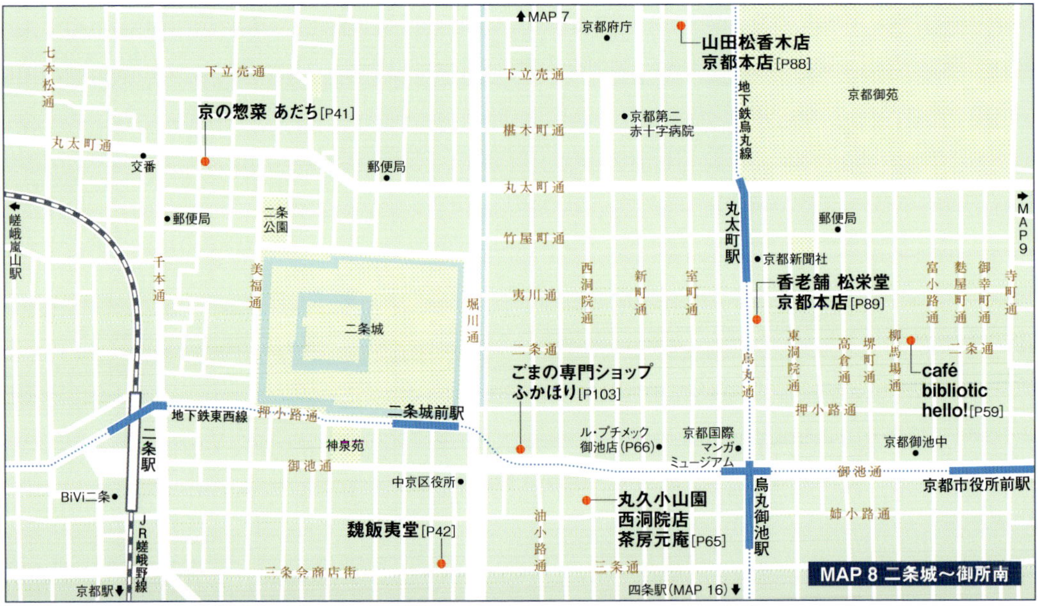
MAP 8 二条城～御所南
MAP 7
京都府庁
山田松香木店
京都本店[P88]
七本松通
下立売通
下立売通
京都御苑
京の惣菜 あだち[P41]
京都第二
赤十字病院
椹木町通
地下鉄烏丸線
丸太町通
交番
郵便局
丸太町通
嵯峨嵐山駅
郵便局
二条公園
丸太町駅
郵便局
MAP 9
竹屋町通
京都新聞社
千本通
美福通
西洞院通
新町通
室町通
香老舗 松栄堂
京都本店[P89]
富小路通
麩屋町通
御幸町通
寺町通
夷川通
二条城
堀川通
東洞院通
高倉通
堺町通
柳馬場通
二条通
二条通
ごまの専門ショップ
ふかほり[P103]
烏丸通
café
bibliotic
hello![P59]
地下鉄東西線
押小路通
二条城前駅
押小路通
二条駅
神泉苑
ル・プチメック
御池店(P66)
京都国際
マンガ
ミュージアム
京都御池中
御池通
御池通
中京区役所
京都市役所前駅
BiVi二条
烏丸御池駅
丸久小山園
西洞院店
茶房元庵[P65]
油小路通
姉小路通
魏飯夷堂[P42]
JR嵯峨野線
三条会商店街
三条通
京都駅
四条駅(MAP 16)

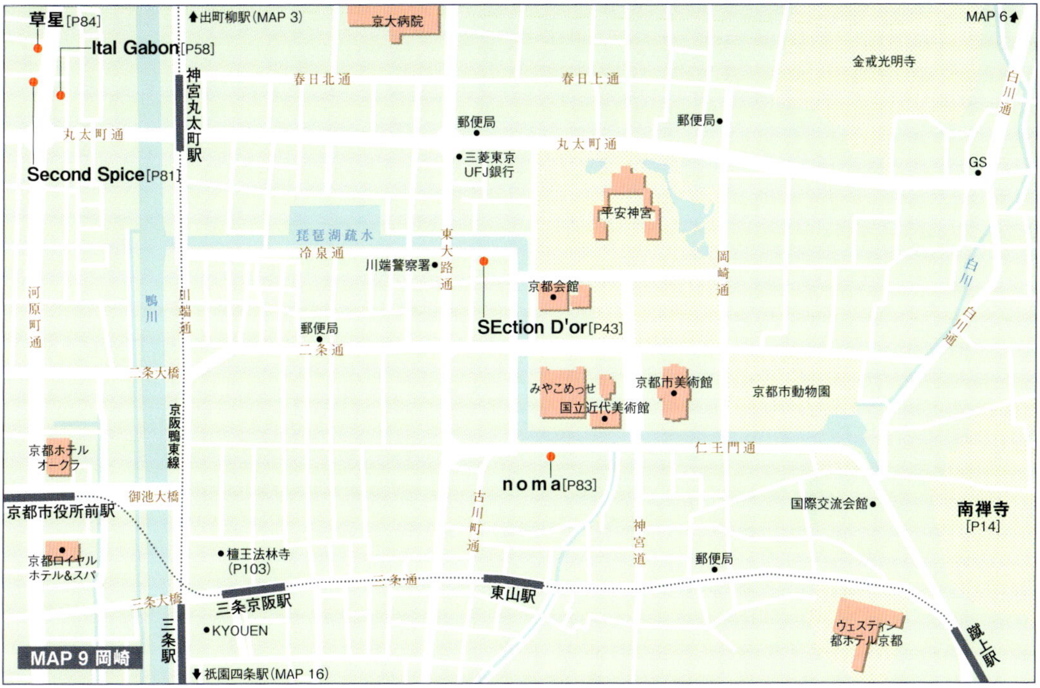
MAP 9 岡崎
草星[P84]
Ital Gabon[P58]
Second Spice[P81]
SEction D'or[P43]
noma[P83]
南禅寺
[P14]
出町柳駅(MAP 3)
MAP 6
京大病院
金戒光明寺
春日北通
春日上通
丸太町通
丸太町通
神宮丸太町駅
郵便局
郵便局
三菱東京UFJ銀行
GS
白川通
平安神宮
琵琶湖疏水
冷泉通
東大路通
川端警察署
岡崎通
京都会館
白川
白川通
河原町通
鴨川
川端通
郵便局
二条通
二条大橋
京阪鴨東線
みやこめっせ
国立近代美術館
京都市美術館
京都市動物園
仁王門通
京都ホテルオークラ
御池大橋
京都市役所前駅
古川町通
神宮道
国際交流会館
檀王法林寺
(P103)
京都ロイヤルホテル&スパ
三条通
郵便局
三条大橋
三条京阪駅
東山駅
ウェスティン都ホテル京都
蹴上駅
三条駅
KYOUEN
祇園四条駅(MAP 16)

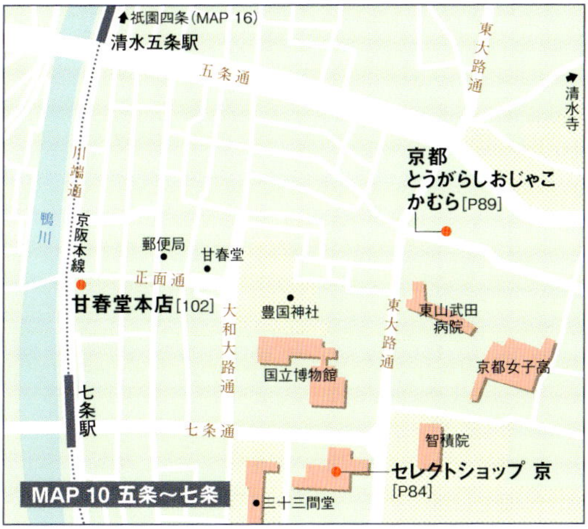
MAP 10 五条～七条
祇園四条(MAP 16)
清水五条駅
五条通
東大路通
清水寺
京都
とうがらしおじゃこ
かむら[P89]
川端通
鴨川
京阪本線
郵便局
甘春堂
正面通
甘春堂本店[102]
大和大路通
豊国神社
東大路通
東山武田病院
国立博物館
京都女子高
七条駅
七条通
智積院
セレクトショップ 京
[P84]
三十三間堂

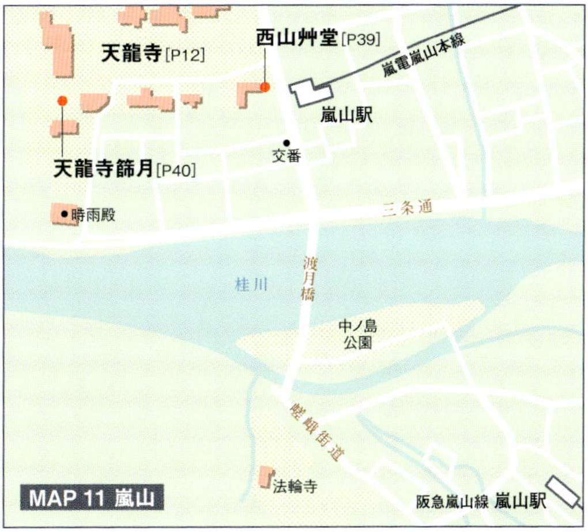
MAP 11 嵐山
天龍寺[P12]
西山艸堂[P39]
嵐電嵐山本線
嵐山駅
天龍寺篩月[P40]
交番
時雨殿
三条通
渡月橋
桂川
中ノ島公園
嵯峨街道
法輪寺
阪急嵐山線 嵐山駅

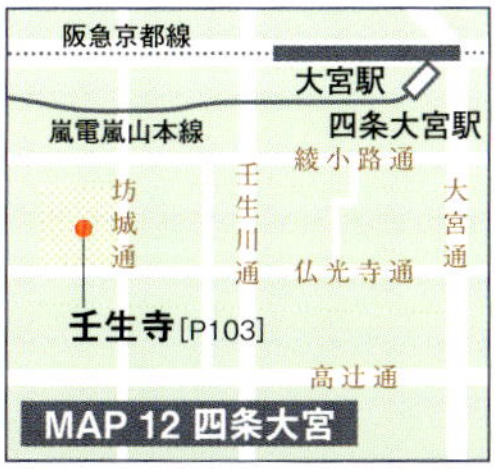
MAP 12 四条大宮
阪急京都線
大宮駅
四条大宮駅
嵐電嵐山本線
綾小路通
坊城通
壬生川通
大宮通
仏光寺通
壬生寺[P103]
高辻通

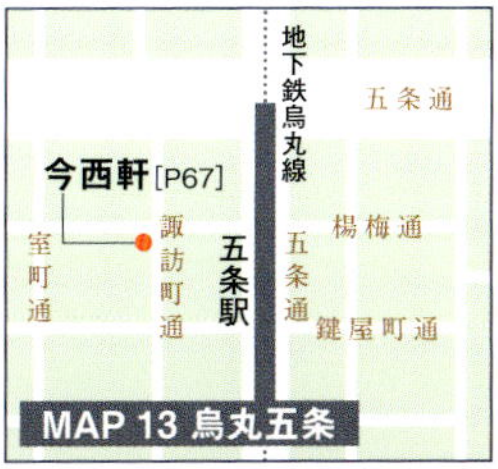
MAP 13 烏丸五条
地下鉄烏丸線
五条通
今西軒[P67]
室町通
諏訪町通
五条駅
五条通
楊梅通
鍵屋町通

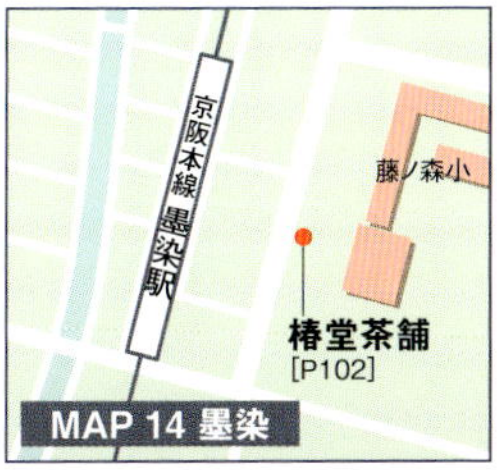
MAP 14 墨染
京阪本線
墨染駅
藤ノ森小
椿堂茶舗
[P102]

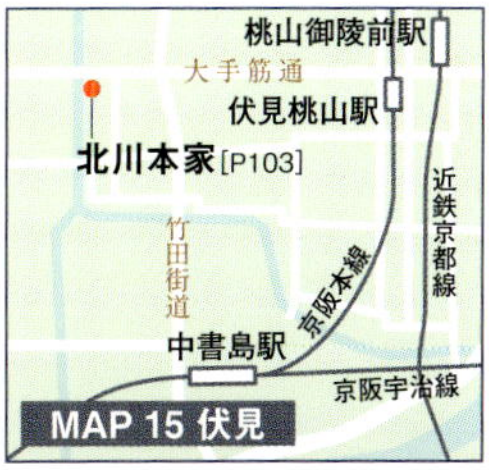
MAP 15 伏見
桃山御陵前駅
大手筋通
伏見桃山駅
北川本家[P103]
近鉄京都線
竹田街道
京阪本線
中書島駅
京阪宇治線

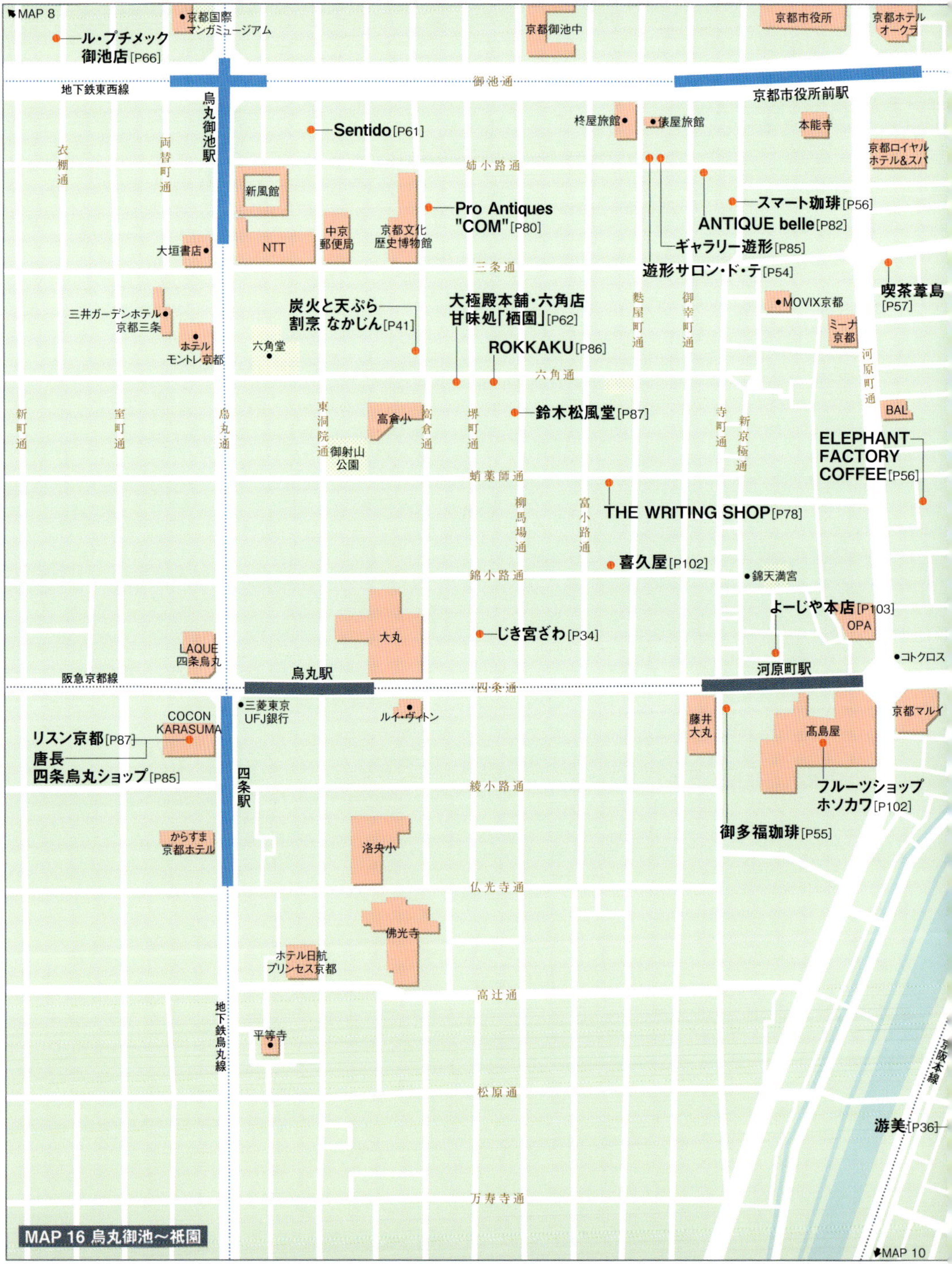
MAP 16 烏丸御池～祇園
MAP 8
MAP 10
京都国際マンガミュージアム
ル・プチメック御池店[P66]
京都御池中
京都市役所
京都ホテルオークラ
御池通
地下鉄東西線
京都市役所前駅
烏丸御池駅
Sentido[P61]
柊屋旅館
俵屋旅館
本能寺
京都ロイヤルホテル&スパ
衣棚通
両替町通
姉小路通
新風館
Pro Antiques "COM"[P80]
スマート珈琲[P56]
ANTIQUE belle[P82]
NTT
中京郵便局
京都文化歴史博物館
ギャラリー遊形[P85]
大垣書店
三条通
遊形サロン・ド・テ[P54]
喫茶葦島[P57]
三井ガーデンホテル京都三条
炭火と天ぷら割烹 なかじん[P41]
大極殿本舗・六角店 甘味処「栖園」[P62]
麩屋町通
御幸町通
MOVIX京都
ミーナ京都
ホテルモントレ京都
六角堂
ROKKAKU[P86]
六角通
河原町通
新町通
室町通
烏丸通
東洞院通
高倉小
高倉通
堺町通
鈴木松風堂[P87]
寺町通
新京極通
BAL
ELEPHANT FACTORY COFFEE[P56]
御射山公園
蛸薬師通
柳馬場通
富小路通
THE WRITING SHOP[P78]
喜久屋[P102]
錦小路通
錦天満宮
よーじや本店[P103]
OPA
大丸
じき宮ざわ[P34]
LAQUE四条烏丸
阪急京都線
烏丸駅
四条通
河原町駅
コトクロス
三菱東京UFJ銀行
ルイ・ヴィトン
藤井大丸
髙島屋
京都マルイ
COCON KARASUMA
リスン京都[P87]
唐長 四条烏丸ショップ[P85]
四条駅
綾小路通
フルーツショップ ホソカワ[P102]
御多福珈琲[P55]
からすま京都ホテル
洛央小
仏光寺通
佛光寺
ホテル日航プリンセス京都
高辻通
地下鉄烏丸線
平等寺
京阪本線
松原通
游美[P36]
万寿寺通

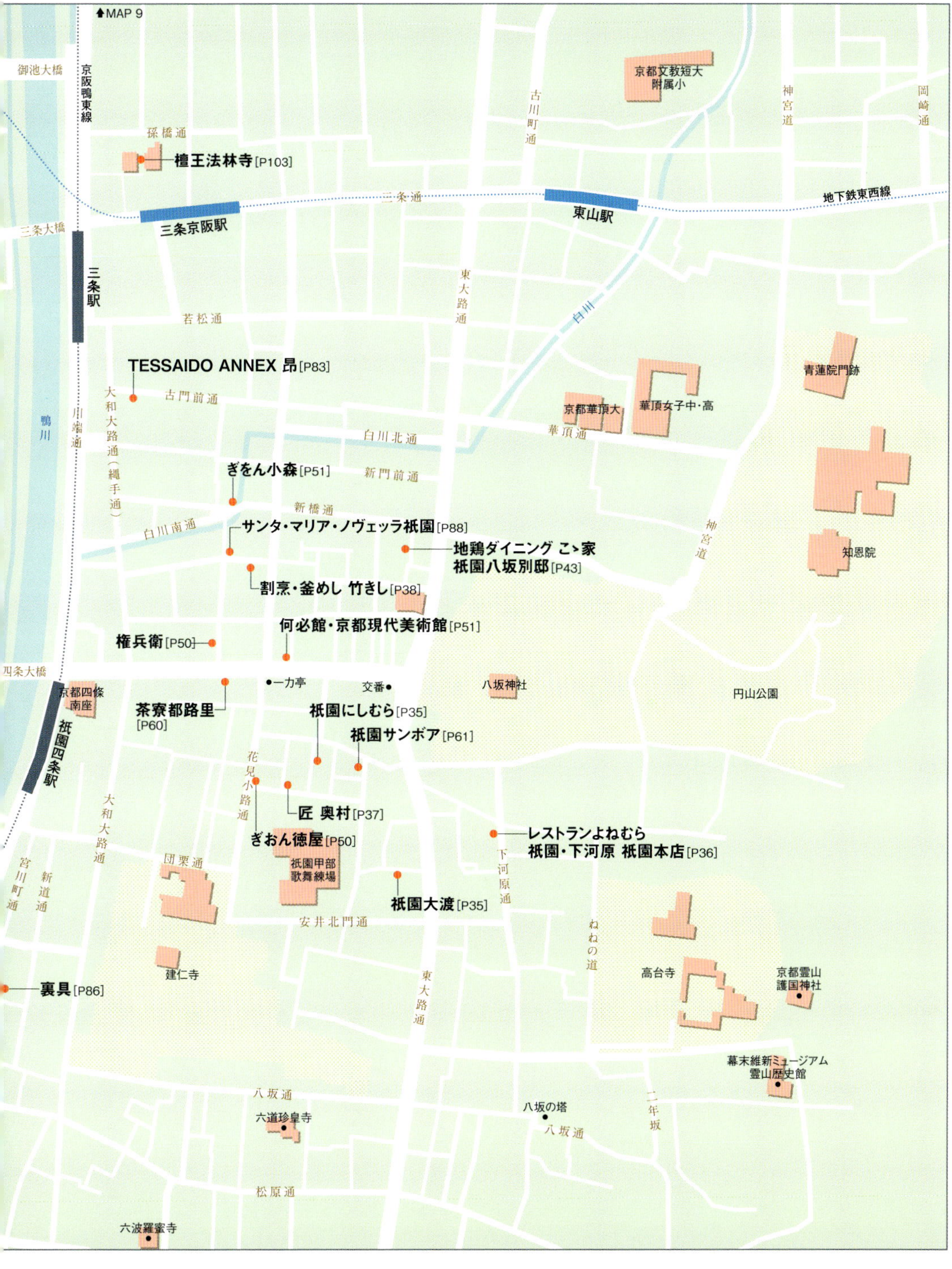
MAP 9
御池大橋
京阪鴨東線
孫橋通
檀王法林寺[P103]
三条通
地下鉄東西線
三条大橋
三条京阪駅
東山駅
三条駅
京都文教短大
附属小
古川町通
神宮道
岡崎通
東大路通
若松通
白川
TESSAIDO ANNEX 昂[P83]
大和大路通（縄手通）
古門前通
川端通
鴨川
白川北通
華頂通
京都華頂大
華頂女子中・高
青蓮院門跡
ぎをん小森[P51]
新門前通
新橋通
白川南通
サンタ・マリア・ノヴェッラ祇園[P88]
地鶏ダイニング こゝ家
祇園八坂別邸[P43]
神宮道
知恩院
割烹・釜めし 竹きし[P38]
何必館・京都現代美術館[P51]
権兵衛[P50]
四条大橋
一力亭
交番
八坂神社
円山公園
京都四條
南座
茶寮都路里
[P60]
祇園にしむら[P35]
祇園サンボア[P61]
祇園四条駅
花見小路通
匠 奥村[P37]
大和大路通
ぎおん徳屋[P50]
レストランよねむら
祇園・下河原 祇園本店[P36]
下河原通
宮川町通
新道通
団栗通
祇園甲部
歌舞練場
祇園大渡[P35]
安井北門通
ねねの道
建仁寺
高台寺
京都霊山
護国神社
裏具[P86]
東大路通
幕末維新ミュージアム
霊山歴史館
八坂通
二年坂
八坂の塔
六道珍皇寺
八坂通
松原通
六波羅蜜寺

Index

【寺社】

【食事、レストラン】

【CAFE、甘味処、スイーツ】

【アンティーク、器、雑貨、その他】

【Bar】

【美術館】

衣装協力

〔遊形サロン・ド・テ、ギャラリー遊形〕
トゥモローランド

〔平野神社〕
エディション　丸の内店
トゥモローランド

〔天龍寺〕
JILLSTUART
hum

〔東福寺、妙心寺、何必館、裏具〕
ドゥーズィエム　クラス
hum

〔伏見稲荷大社〕
SACHIO KAWASAKI/HIRAO INC
hum
フレームワーク

〔じき宮ざわ〕
トゥモローランド
muller of yoshio kubo

〔Ital Gabon、Second Spice〕
トゥモローランド
muller of yoshio kubo
hum

〔南禅寺、Pro Antiques“COM”、THE WRITING SHOP〕
トゥモローランド
ドゥーズィエム　クラス

〔協力店〕
○ドゥーズィエム　クラス / ラ　トータリテ / フレームワーク
(以上ベイクルーズ　カスタマーセンター)：☏0120 (545) 703
○エディション　表参道　ヒルズ店：☎ 03 (3403) 8086
○ SACHIO KAWASAKI/HiRAO INC：☎ 03 (5771) 8809
○トゥモローランド：☏0120 (983) 511
○ JILLSTUART：☎ 03 (6748) 0502
○ミューラー・オブ・ヨシオクボ：☎ 03 (3794) 4037
○ hum / ラ ブティック ハム：☎ 03 (6457) 7747

※データは 2012 年春夏商品のため現在は取り扱いがない場合があります。ご了承ください。

Staff

撮影：AKAHOSHI（LCF OUTERNATIONAL）／勝岡ももこ
店舗撮影：尾上達也
写真提供：福澤昭嘉／角野康夫／寺本和弘／各寺社・店舗の皆様
編集協力：近藤雄生
ヘアメイク：中谷圭子（allure）／松田美穂（ROND.）
スタイリスト：岡部美穂
デザイナー＆DTP：根本真路
MAP：齋藤直己（マップデザイン研究室）／前川達史（ワークスプレス）
スーパーバイザー：渡辺佳恵

Special Thanks

中村法子（wa...lance ★★）
門上武司

・本書掲載の情報は2012年6月現在のものです。時間、商品価格等変更になる場合があります。
・商品価格は消費税込表示にしております。店舗によっては予約が必要なお店もありますので、
ご利用の際には電話・予約の確認をお願いいたします。

EMIRI BOOK Kyoto

2012年7月30日　発行
2012年8月1日　第2刷発行

著者　辺見えみり
発行人　桑田篤
発行所　ATパブリケーション株式会社
〒104-0061　東京都中央区銀座1-20-14KDX銀座一丁目ビル8F
TEL：03-3536-5478　FAX：042-977-1088
http://www.atpub.co.jp

印刷・製本　三松堂印刷株式会社

ISBN978-4-906784-09-7　C2026